성경원문 새번역 노트 vol. 24

요한계시록

저자 송영목

고신대학교 신학과(B.A.)와 고신대 신대원(M.Div.)을 졸업하고 남아공 포첩스트룸
대학교에서 누가복음을 연구했으며(Th.M.), 요하네스버그대학교에서 요한계시록
을 공부했다(Ph.D.). 현재 고신대학교 신학과에서 신약학을 연구하고 가르치고 저
술하는 일에 매진하고 있다.

저서로는 『신약과 구약의 대화』(CLC, 2010), 『문법적, 역사적, 성경신학적 관점에서
본 신약주석』(쿰란출판사, 2011), 『요한계시록』(SFC, 2013), 『요한계시록과 구약의
대화』(CLC, 2014), 『간본문적 신약 읽기』(CLC, 2017), 『다차원적 신약 읽기』(CLC,
2018), 『예수님과 구약의 대화』(더워드, 2020) 등이 있다.

성경원문 새번역 노트 vol. 24

요한계시록

초판 1쇄 인쇄 2020년 9월 5일
초판 1쇄 발행 2020년 9월 15일

지은이 총회성경연구소 송영목
책임감수 김하연 송영목
펴낸이 유동휘
펴낸곳 SFC출판부
등록 제104-95-65000
주소 (06593) 서울특별시 서초구 고무래로 10-5 2층 SFC출판부
Tel (02)596-8493
Fax 0505-300-5437
홈페이지 www.sfcbooks.com
이메일 sfcbooks@sfcbooks.com
기획·편집 편집부
디자인편집 최건호
ISBN 979-11-87942-46-7 (03230)
값 14,000원

성경원문 새번역 노트 vol. 24

ΑΠΟΚΑΛΥΨΙΣ

요한계시록

총회성경연구소 송영목

책임감수 김하연(Ph.D., 구약), 송영목(Ph.D., 신약)

SFC

성경원문 새번역 노트 vol. 24

목차

『성경원문 새번역 노트』를 출간하면서

　　1887년 존 로스John Ross가 신약성경을 한국어로 번역한 『예수성교젼셔』
로부터 1998년 대한성서공회가 『개역개정』을, 2009년 한국성경공회가 『바
른성경』을 출판하기까지 우리말 성경번역의 역사는 제법 오래되었다. 특히
1956/1961년에 번역된 개역한글판은 오랜 세월 동안 한국교회의 예배와 설
교에서 중심적인 역할을 해 왔다. 그러나 늘 그렇듯이 원어에 좀 더 가까운 의
미의 추구와 현대어와 거리감이 적은 언어에 대한 필요성은 계속해서 새로운
번역 개정을 요구하였다. 그리하여 여러 가지 사역을 통해 단편성경들이 번역
되었고, 급기야 대한성서공회가 1995년에 『표준새번역』을 출판하게 되었다.

　　그러나 여전히 한국교회는 또 다른 문제에 봉착하게 되었다. 그것은 『표준
새번역』이 원어에 충실하면서도 현대어로 번역되었다고 많이 강조되기는 했
지만, 정작 의역이 너무 많은데다가 일부 내용에서는 정통 교단의 교리에 악
영향을 줄 수 있는 요소들까지 포함한다는 것이었다. 상황이 이렇게 되자 대
부분의 교단들은 『표준새번역』을 받아들이기를 거부하였다. 그래서 『개역개
정』과 『바른성경』이 빛을 보게 된 것이다. 이 번역들에서는 매우 많은 발전들
이 있었다. 원전의 의미를 충실히 반영하고 어투를 현대화했을 뿐만 아니라
정통교리와도 크게 모순되지 않았다는 점에서 그러했다.

　　그러나 번역은 계속 발전되어야만 한다. 신학과 성경 원문에 대한 연구가
점점 발전하면서 기존의 번역들 또한 끊임없이 개정되어야만 한다. 게다가 기
존의 번역들이 지닌 한계점들이 점점 드러나기 때문에 새로운 번역, 더 정확

한 번역이 항상 요구된다. 따라서 오고 오는 세대에 더욱 정확한 번역본을 전수해 주기 위해서는 끊임없이 원어와 본문이 연구되어야만 하고 또한 이런 것들이 새로운 번역에 적용되어야만 한다.

이런 이유로 대한예수교 장로회고신 총회성경연구소KBI는 지금까지 진행되어온 한글번역들과는 확연히 차이가 나는 성경번역 프로젝트를 세우게 되었다. 이 프로젝트에 적용된 몇 가지 중점사항들을 간략하게 기술하자면 아래와 같다.

1. 사본 비평을 통한 본문의 확정 작업

많은 번역들이 '원어에 충실한 번역'이라고 말하지만, 좀 더 엄격하게 말하자면, 어떤 사본에 충실했다고 표현해야만 할 것이다. 왜냐하면 안타깝게도 성경의 원전은 지구상에 보관되어 있지 않기 때문이다. 모세가 모세오경을 기원전 15~14세기에 기록했어도 그가 직접 기록한 말씀은 우리에게 보존되어 있지 않다. 현재 발견된 문서나 고고학적 유물 가운데 히브리어 성경의 가장 오래된 조각은 기원전 7~6세기경에 만들어진 케텝 힌놈Ketef Hinnom에서 발견된 은편자이다. 거기에는 민수기 6장 24~26절의 말씀이 기록되어 있다. 본격적인 구약성경의 사본은 기원전 3세기쯤에 필사된 쿰란 사본들이라고 할 수 있다. 거기서 작게는 가로세로 6센티미터에서 긴 것은 7미터가 넘는 이사야서 사본1QIsᵃ이 발견되었지만, 이것이 처음 모세나 이사야에게서 기록된 바로 그 문서라고 보기는 힘들다. 그보다 이것은 오랜 세월의 전수 과정을 지나온 결과물들이다.

구약성경 사본은 6,000개쯤 되고 신약성경의 사본은 5,000개쯤 되는데, 보존되어 온 모든 사본들에서 서로 조금씩 차이가 있다. 심지어 많은 사본들에서 필사자들의 실수도 발견된다. 안타깝지만 이는 부인할 수 없는 사실이다. 그러므로 성경연구자들은 부득이 다음 두 가지 중 한 가지 방법을 선택할 수밖에 없다. 하나는 전통으로 내려오는 사본들 가운데 하나를 선택하여 그것을 정경으로 인정하고 권위를 부여하는 것이다. 소위 'Textus Receptus'가 되는 것이다. 이는 정치적인 방법으로 받아들이게 된 것이기 때문에 전문용어로는 'political version'이라고도 한다. 유대교와 기독교에서는 구약의 본문에 대해 이런 방법을 써 왔다. 오늘날 대부분의 신학자들과 목회자들에 의해 사용되는 구약 히브리어 성경본문은 BHK나 BHS에 채택된 본문인 소위 '마소라 본문' Codex Leningrad B19a 사본이다.

그러나 이 정치적 본문이 완전한 본문이라거나 오류가 없는 본문이라는 말은 아니다. 실제로 기원전 3~2세기에 히브리어와 아람어에서 헬라어로 번역된 칠십인역the Septuagint은 그 내용이 마소라 본문MT(Masoratic Text)과 많은 곳에서 차이를 보이고 있다. 쿰란에서 발견된 구약사본들과 사마리아 오경 등에는 또 다른 차이점들이 있다. 심지어 마소라 본문 자체에서도 서로 모순되는 부분들이 여러 곳에서 발견된다. 예를 들면, 열왕기하 9장 15절에서, 기록된 본문Kᵉtib(크티브)은 לגיד레기드라고 읽지만, 여백에 기록된 마소라 학자들의 교정 부호인 '읽어야 할 본문Qᵉre(커리)'은 להגיד레하기드로 읽는다. 이외에도 구약성경에는 1300회에 이르는 커리가 있다. 사무엘상 13장 1절을 마소라 본문에 따라 읽으면, 사울은 한 살에 통치한 것이 되는데, 이는 분명 문제가 있는 부분이다. 그러므로 좋은 번역을 위해서는 반드시 본문비평과 정확한 본문선택이라는 과정이 필요하다.

2. 원어에 대한 문법적이고 정확한 직역

번역은 일단 원문에 충실한 문자적인 직역이어야 한다. 그렇지 않으면 번역자의 이해에 따른 자유로운 해석이 반영될 것이고, 그럴 경우 자연스럽게 원저자의 의도와는 다른 것이 전달될 수 있기 때문이다. 예를 들어, 『한글개역』, 『개역개정』, 『바른성경』은 창세기 1장 26절을 "우리의 형상대로, 우리의 모양대로"라고 번역한다. 그런데 이는 단어만 다를 뿐 그 내용에서는 별 차이가 없는 번역이다. 그러나 히브리어 본문의 בצלמנו כדמותנו베짤메누 키드무테누는 그 의미에서 차이가 있다. 즉, 앞의 단어 '쩰렘'은 분명 '형상', 또는 '모양'을 뜻하지만, 두 번째 단어 '드무트'는 직역하면 '닮음likeness'이라는 뜻이다. 즉 본문은 "우리의 형상대로, 곧 우리와 닮게"로 번역되어야 한다. 이렇듯 원문을 따라 직역해 놓으면 그 다음 해석의 단계에서도 많은 차이가 있게 된다.

또 다른 예로, 『개역개정』과 『바른성경』의 경우, 여러 곳에서 히브리어 감탄사 'הנה히네, 보라'를 생략하는데, 그럴 경우 본문의 어감을 확실하게 살리지 못하게 된다. 마태복음 16장 19절의 "천국 열쇠를 네게 주노니"에서도 일반 한국어 번역은 '열쇠'를 한 개singular, 즉 단수로 번역한다. 그래서 자칫 이 열쇠를 천국문을 여는 열쇠로 오해하거나, 이를 받은 베드로의 수장권을 주장하는 근거로 사용할 수 있지만, 사실 헬라어 본문은 복수 단어 'τὰς κλεῖδας타스 클레이다스, 열쇠들'를 사용한다.

3. 문맥과 관용어구의 이해는 물론 원어의 문학적 특성들을 살림

성경은 문학적 특성을 가지고 기록되었다. 그러므로 원어 성경이 가지는 문학적 특성이나 관용어구, 문맥적 이해, 나아가 원어의 문학적 기법에 나타난 묘미를 이해하고 살릴 수 있어야 원저자의 의도를 분명히 전할 수 있다. 예컨대, 원어 본문에 나오는 워드 플레이, 시가서의 아크로스틱acrostic, 대구對句, 그리고 문장의 구조들과 마소라 본문의 엑센트 등을 번역에 반영하면 훨씬 생동감 넘치게 될 것이다. 예를 들면, 예레미야 1장 11~12절의 "예레미야야 네가 무엇을 보느냐 하시매, 내가 대답하되 내가 살구나무 가지를 보나이다"에서 『개역개정』은 원어를 제대로 번역하지 못했다. 여기서 '살구나무'로 번역한 것은 명백한 오역이다. 원어는 『바른성경』에서 바르게 번역했듯이, '쇠케드아몬드나무'이기 때문이다. 그러나 이 본문은 그렇게 히브리어 낱말을 직역하는 것만으로는 충분하지 않다. 하나님의 말씀은 이 '쇠케드'란 단어와 12절에 '지켜보고'『바른성경』라는, 같은 어근을 지닌 단어를 사용함으로써 일종의 워드 플레이 기법을 이용해 메시지를 더욱 명백하게 하고 있기 때문이다. 성경에는 이와 유사한 워드 플레이가 500여개나 있다.

4. 원어에 대한 보다 깊은 연구들을 바탕

성경에는 많은 *hapax legomenon*한 번만 출현하는 단어이 있다. 그런 단어를 번역하기란 결코 쉽지 않다. 또한 조금만 깊은 관심을 가진 분들이라면 BDBF. Brown, S. R. Driver, C. A. Briggs eds 사전에 수많은 물음표들이 있음을 발견하게 될 것이다. 이는 사전 편집자로서도 모른다는 말이다. 나아가 번역자는 하나님의 이름인 Tetragrammaton신성 4문자, יהוה, 보통 '여호와'라고 번역됨을 어떻게 번역해야 할지도 고민해야 한다. '여호와', '야훼' 등은 모두 옳은 음역이 아니다.

본 프로젝트는 위에서 다룬 고려해야 할 부분들을 최대한 적용하고 연구하면서 진행되었다. 일차적으로 본문비평작업을 통해서 본문 확정의 단계를 거친 후, 원문을 철저히 연구하고 직역했을 뿐 아니라 꼭 필요한 부분에는 번역노트를 첨부해서 성경본문을 풍성하게 이해할 수 있도록 원문연구자료를 보충하고 가능한 관련된 참고문헌까지 연결하는 일을 감당하였다. 실로 큰 작업이며 또한 시간이 많이 요구되는 일이 아닐 수 없다. 그리하여 긴 성경은 단행본으로 그리고 짧은 성경들은 여러 권을 묶어서 한 권으로 출판하기로 하고,

성경 66권 전체를 24권에 나누어 담기로 했다. 이러한 프로젝트는 지금껏 한국어 성경번역에서 전혀 시도된 바가 없으며, 실제로 세계에서도 찾아볼 수 없는 기획이다. 이를 위해서 보배로운 연구와 산고를 치르며 참여하시는 모든 성경학자들께 미리 감사드린다. 또한 예리한 관찰력과 뛰어난 전문 편집자의 능력으로 한글과 원문을 넘나들며 세심하게 교정 작업을 감당해 준 SFC출판부 이의현 목사에게도 감사한다.

이 『성경원문 새번역 노트』 프로젝트로 인해서 신학자들, 목회자들, 신학생들 그리고 진지한 성경연구자들에게 더 정확하고 확고한 성경번역과 연구 자료를 제공하고자 한다. 그러나 이 또한 완전할 수는 없을 것이다. 다만 이 세대가 이룬 충분한 연구를 통해서 준비하고, 미비한 부분은 다음 세대에 또 의탁할 수밖에 없다.

대한예수교 장로회(고신)

총회성경연구소장 김하연 목사(Ph. D.)

『성경원문 새번역 노트』 vols. (24권)

<구약>

<신약>

『성경원문 새번역 노트』 번역 및 편집 원칙

1. 번역 대본으로 구약성경은 Biblia Hebraica Stuttgartensia의 마소라 본
   문인 Codex Leningrad B19a을, 그리고 신약은 Nestle-Aland, Novum
   Testamentum Graece 28을 사용한다. 필요시 본문 확정을 위해서 본문비
   평에 관한 사항을 난하 <번역 노트>에서 다룬다.

2. 번역은 가능한 성경 원문의 구문, 문법, 문체를 충실히 따른다. '형식일치의
   번역이론'에 따라 가능하면 성경 저자의 의도를 살리면서 성경의 의미를 쉽
   게 이해할 수 있게 한다. '형식일치의 번역'은 성경원문의 언어나 문장구조
   뿐만 아니라 수사학적 또는 미학적 표현도 가능한 일치하게 번역하므로 성
   경 저자의 의미를 오역할 가능성이 훨씬 적다.

3. 현재 중·고등학교 교과서에서 사용하는 언어로 문법 및 어법에 맞게 번역
   한다. 『개역개정』의 장단점을 보완하여 현대 한국인으로 초등교육을 받은
   사람이라면 누구나 쉽게 이해할 수 있도록, 한자식이 아닌 한글식의 바른
   말과 표준말로 문어체와 구어체를 혼용하여 맞춤법에 따라 문장 흐름의 유
   연성을 높여 읽기 쉽고 이해하기 쉽게 번역한다.

4. 성경의 인명, 지명, 토착화된 신학 및 전문용어, 월력, 도량형 등은 일단 『개
   역개정』을 따르고성막, 성소, 언약, 홍해, 인자 등, 필요시에만 정확한 원어 발음을
   따른다. 또한 『개역개정』이 동일 인명이나 지명을 다르게 표기한 경우 더
   익숙한 표현으로 통일한다.

5. 성경에 나오는 일부 유명한 지명에 대해서는 우리나라의 중·고등학교 교과
   서에서 사용하는 명칭대로 이집트, 다마스쿠스, 에티오피아, 페르시아 등과
   같이 그 음역을 바꾸어 역사적 현실감을 갖도록 한다.

6. 일반적으로 Tetragrammaton신성 4문자, יהוה, YHWH을 '여호와'로 음역하는 것은 잘못된 독법이다. 정확한 독법을 알 수 없으므로 본 번역에서는 마소라 학자들의 읽기 전통인 '아도나이'히, '주님'와 이 신성4문자를 '큐리오스'헬, '주님'로 번역한 칠십인역의 읽기 전통을 따라서 고유명사인 YHWH는 '**주**' 볼드체로 표기하였다. 따라서 다른 한글 번역에서 '이스라엘의 하나님, 여호와' 또는 '우리 하나님, 여호와' 등으로 번역된 부분에 대해서는 히브리어 본문의 어순대로 '**주** 이스라엘의 하나님' 또는 '**주** 우리 하나님' 등으로 바꾼다. 그리고 YHWH의 대명사 또는 인칭접미어의 '그/그의/그를'의 경우는 '주/주님의/주님을볼드체 아님'로 사용할 수 있다. YHWH의 극존칭 대명사 '당신'도 '주/주님볼드체 아님'으로 한다.

7. 장과 절은 개역개정을 원칙적으로 따른다. 장절의 구분이 원문 성경BHS, NA과 차이가 날 경우 원문의 장절은 <번역 노트>에 표기한다.

8. 매 페이지 하단에 <번역 노트>를 두어서 단어나 구에 대한 바른 번역의 근거가 되는 연구사항을 참조하도록 한다. 참고문헌이 언급되어야 할 경우 <번역 노트>에는 저자, 연도, 페이지만 간략히 밝히고예. 홍길동, 2015: 56, 상세 서지 사항은 참고 문헌Bibliography에 기록한다.

9. 성경 원문의 표기 다음에 괄호 안에 한글로 음역을 한다.

『요한계시록』 번역의 특징

1. 무엇보다도 그리스어 원문을 중심으로 가능한 직역하여, 느낌이 생생하고 정확하도록 했다. 의역은 번역자의 느낌을 전달하여 독자에게 유익할 수 있지만, 원문의 직역은 성령님께서 직접적으로 독자에게 깨닫게 하는 장점이 있다.

2. 인명과 지명 등의 고유명사는 원문의 발음을 참고하여 현대의 용례를 따랐다.

3. 난하 <번역 노트>는 번역의 정확성을 뒷받침하는 내용인데, 그리스어 낱말의 정확한 의미, 성경 사본들의 본문비평 작업과 원문 선택의 문제 등을 다루었다. 본문 비평의 등급은 UBS5/GNT5의 각주를 활용했다.

약어Abbreviations 및 용어 해설

그리스어 사본 및 본문비평

046	주후 10세기에 필사된 그리스어 대문자 사본
051	주후 10세기에 필사된 그리스어 대문자 사본
1611	주후 12세기에 필사된 그리스어 소문자 사본
2053	주후 13세기에 필사된 그리스어 소문자 사본
다수사본	주후 800년 이후의 그리스어 소문자로 필사된 많은 사본들
ℵ	주후 4세기에 필사된 그리스어 대문자 시내산 사본
A	주후 5세기에 필사된 그리스어 대문자 알렉산드리누스 사본
{A}	세계성서공회연합회가 출판한 The Greek New Testament 제5판의 편집자 5인 모두가 하나의 이문異文이 원본에 일치한다고 동의한 본문비평의 최고 등급
C	주후 5세기에 필사된 그리스어 대문자 사본
P	주후 9세기에 필사된 그리스어 대문자 사본
p^{47}	주후 3세기에 파피루스에 필사된 그리스어 대문자 사본 47번

그리스어 신약성경

GNT 5	세계성서공회연합회가 출판한 The Greek New Testament 제5판
NTG 28	독일성서공회가 출판한 Novum Testamentum Graece 제28판

현대어 성경 번역본

공동번역   1977년에 개신교와 천주교가 함께 번역 출간한 한글성경

Bybel   1983년판 아프리칸스Afrikaans 성경

ESV   English Standard Version

KJV   King James Version

Lutherbibel 1984년판 독일어 루터성경

NIV   New International Version

NRSV   New Revised Standard Version

RSV   Revised Standard Version

TEV   Today's English Version

요한계시록

원문 새번역 & 노트

요한계시록 1장

1 예수 그리스도의 계시.[1] 하나님께서 그분께 주셔서[2] 그분의 종들에게 반드시 짧은 시간 안에[3] 일어날 일들을 보이시려고, 보내신 그분의 천사를 통하여 그분의 종 요한에게 상징적으로 알게 하셨다.[4]

2 요한은 하나님의 말씀, 곧[5] 예수 그리스도의 증거, 즉 그가 본 모든 것들을 증거한다.[6]

3 복되도다. 그 예언의 말씀을 크게 낭독하는 이[7] 그리고 듣는 이들과

---

1. 천주교 성경(2018)의 번역처럼, 속격으로 수식받는 주격 명사 Ἀποκάλυψις Ἰησοῦ Χριστοῦ(아포칼립시스 이에수 크리스투)는 계시록의 제목이다(Wallace, 1996: 120; Matthewson, 2016: 1; Wendland, 2019: 1).

2. 바른성경(2009)은 ἔδωκεν αὐτῷ(에도켄 아우토, '그분께 주셨다')를 번역하지 않는다.

3. 전치사구 ἐν τάχει(엔 타케이)는 일어날 사건의 정확성이나 신속성을 가리키지 않고, '짧은 시간 안에'라는 의미이다(눅18:8; 행12:7; 22:18; 25:4; 롬16:20; 딤전 3:14; 계22:6; 참고. *BDAG*, 993; Gentry, 2017: 223; 대조. Du Rand, 2007: 121).

4. 동사 σημαίνω(세마이노)는 '표적이나 상징으로써 알게 하다(to make known by means of signs or symbols)'라는 뜻이다(요12:33; 18:32; 행11:28; 25:27; 참조. Bratcher and Hatton, 1993: 12; Gentry, 2017: 214).

5. 접속사 καὶ(카이)는 설명보족적(epexegetical) 동격이다(Wendland, 2019: 1).

6. ἐμαρτύρησεν(에마르튀레센)은 서신적 아오리스트이므로 현재시제로 번역하는 것이 적절하다(Smalley, 2005: 30).

7. ἀναγινώσκω(아나기노스코)는 회당이나 교회당에서 큰 목소리로 읽는 것을 가

그 안에 기록된 것들을 지키는 이들이여.[8] 왜냐하면 그때가 가깝기 때문이다.

4 요한은 아시아에 있는 일곱 교회에게 (인사한다).[9] 이제도 계시며 전에도 계셔왔고[10] 지금도 오고 계시는[11] 분과 그분의 보좌 앞에 있는 일곱 영들로부터 은혜와 평강이[12] 너희에게 (있기 바란다).[13]

5 그리고 예수 그리스도, 곧 증인, 충성된 분,[14] 죽은 이들의 첫 열매 그

리킨다(눅4:16; 골4:16). 참고로, 긍정적인 인물을 가리킬 경우, 한글번역에서는 '자(者)'보다 '이'가 적절하다(Bratcher and Hatton, 1993: 16).

8. 개역개정(2005)은 초대교회의 예배 상황을 염두에 둔 남성 복수형 분사 '듣는 이들(ἀκούοντες)'과 '지키는 이들(τηροῦντες)'을 단수로 잘못 번역한다. 두 분사는 하나의 정관사 οἱ(호이)로 연결된다.

9. 고대 기독교 편지의 서두에 주로 사용된 동사는 '쓰다'보다는 '인사하다'(χαίρειν)이다(김주한, 2012: 65).

10. '계셔왔고'는 과거진행의 의미를 가진 미완료 능동태 직설법 3인칭 단수 동사인 ἦν(엔)을 번역한 것이다. 전치사 ἀπό(아포) 다음에 속격 명사가 뒤따르는 것이 정상이지만, 요한은 주격 명사를 쓴다. 그리고 정관사 ὁ(호) 다음에 직설법 동사 ἦν(엔)이 뒤따르게 함으로써 사도 요한은 의도적으로 문법을 위반한다. 이것은 시적 운율을 고려한 것이라고 설명하는데, 이에 대해서는 Porter, 2005: 146을 참조하라.

11. 아프리칸스 성경(Afrikaans Bybel, 1983)은 현재분사 ὁ ἐρχόμενος(호 에르코메노스)를 '오시는 분(wat kom, who comes)'으로 번역한다(Van der Watt et als, 2012: 1287).

12. 개역개정과 바른성경은 '은혜와 평강'을 요한계시록 1장 5절에서 번역한다.

13. 헬라어 원문에 없는 표현은 한글번역에서 괄호로 작게 표기한다.

14. 헬라어 원문에 '증인(ὁ μάρτυς)'과 '충성된 분(ὁ πιστός)' 사이에 쉼표(,)가 있기 때문에, 이는 수식-피수식의 관계가 아니라(예. 바른성경, 개역개정, 천주교 성

리고 땅의 임금들의 통치자로부터 (은혜와 평강이 너희에게 있기를 원하노라). 우리를 사랑하셔서 그분의 피로써 우리의 죄들로부터 우리를 해방하셨던[15] 분께,

6 그리고 하나님, 곧[16] 그분의 아버지를 위하여 우리를 나라와 제사장들로[17] 만드신 그분께 영광과 능력이 영원하기를 (바란다). 아멘.

7 보라, 그분께서 구름과 함께[18] 오실 것이다.[19] 각 눈과 그분을 찔렀던 자들이 그분을 볼 것이며, 그 땅의 그 모든 지파들이[20] 그분 때문에 애

경, Bybel, Lutherbibel, NIV), 남성 단수 정관사 ὁ(호)를 각각 가진 명사들의 동격으로 해석해야 한다(Wallace, 1996: 62).

15. 5절의 본문비평 등급은 {A}이다. 그런데 다수사본은 '우리를 씻으시고(λούσαντι ἡμᾶς[루산티 헤마스])'라고 표기하지만, 이 이문(異文)은 유사한 음('뤼오[λύω, 풀다]', '루오[λούω, 씻다]')을 혼동한 필사자의 오류이다.

16. 접속사 καὶ(카이)는 설명보족적(epexegetical) 혹은 동격이다(Van der Watt et als, 2012: 1288).

17. ἱερεῖς(히에레이스)는 남성 복수 대격 명사인데, 개역개정은 '제사장'이라고 단수형으로 오역한다.

18. '구름 위'가 아니라 '구름과 함께(μετὰ τῶν νεφελῶν)'이다. 이 구름은 하나님의 현존을 가리키는 영광의 구름이다(참고. 단7:13; 슥12:10; 마24:30; Chilton, 1990: 64~65; Wendland, 2019: 2).

19. ἔρχεται(에르케타이)는 가까운 미래에 발생할 것을 가리키는 현재 동사이다 (Bratcher and Hatton, 1993: 23; Matthewson, 2016: 7).

20. 7절의 ἔρχομαι(에르코마이)는 주님의 재림을 가리키는 전문용어가 아니라 여러 가지 의미를 가지므로, 문맥과 간본문(間本文)을 고려하여 적합한 의미를 결정해야 한다(Van der Waal, 1981: 61; 송영목, 2010: 131~154; Haukaas, 2013: 205 이하; Wallace, 1996: 217). 비일(Beale)에 의하면, 요한계시록 1장 7절의 간

통할 것이다. 예,[21] 아멘.

8 주 하나님께서 말씀하신다. "나는 알파와 오메가이며, 이제도 있고 전에도 있어왔고 지금도 오고 있으며, 전능자이다."

9 나 요한은 너희의 형제요[22] 예수님 안에서 환난과 나라와 오래 참음에[23] 동참하는 이이다. 나는 하나님의 말씀, 즉[24] 예수님의 증언 때문에 파트모스라 불리는 섬에 있었다.

10 나는 주의 날에 성령님 안에 있었고[25] 내 뒤에서 난 나팔소리와 같은

본문인 마태복음 24장 30절과 마가복음 13장 26절, 14장 62절은 최종 파루시아가 아니라 AD 70년에 있었던 예루살렘 돌 성전 파괴를 위한 인자의 오심을 뜻한다. 그런데 비일(Beale)은 요한계시록 1장 7절이 주님의 부활에서부터 재림에까지 계속 성취될 것이라고 일관성 없게 주장하는데, 이는 그의 이상주의적(idealistic) 해석 때문이다(Beale, 2016: 343~344; 임진수, 2013: 84).

21. 확정적 의미를 가진 불변화사 ναί(나이)를 '예(Ja)'라고 간결하게 번역하는 것이 초대교회의 예배 상황에서 적절한 것으로 보인다(참고. Bybel; Van der Waal, 1981: 61).

22. '형제(ἀδελφός[아델포스])'와 '동참하는 이(συγκοινωνός[쉉코이노모스])'는 하나의 정관사(ὁ)로 긴밀히 연결된다. 뒤 따르는 '환난'과 '나라'와 '오래 참음'도 마찬가지이다(대조. Bratcher, 1993: 26; '나라'와 '오래 참음' 앞에 정관사를 붙여서 번역한다).

23. 한글 표현 '오래 참음(ὑπομονή[휘포모네])'이 한자식 표현 '인내(忍耐)'보다 젊은 층에게 쉬운 표현이다.

24. 각각 정관사를 가진 두 명사를 동격으로 볼 수 있다(Wallace, 1996: 274, 287; Wendland, 2019: 2).

25. 전치사구 ἐν πνεύματι(엔 프뉴마티)는 '성령님 안'이므로, 의미가 모호한 '성령의 감동으로'라고 번역할 필요가 없다.

큰 음성을 들었는데

11 말씀하시기를 "네가 보는 것을 책에 써서 일곱 교회들, 곧 에페소스와 스미르나와 페르가몬과 티아티라와 사르디스와 필라델피아와 라오디케이아에게 보내라."고 하셨다.

12 그래서 나는 내게 말씀하시던 음성을 보려고 돌이켰고, 내가 몸을 돌이킨 후[26] 일곱 금 촛대들을 보았다.

13 그리고 그 촛대들 가운데 인자 같은 분께서 긴 옷을 입고 가슴에 금 띠를 띠셨다.

14 또 그분의 머리와 머리카락은 흰 양털과 눈처럼 희었고, 그분의 두 눈은 불꽃 같았고

15 그분의 두 발은 풀무 안에서 제련된[27] 빛나는 구리[28] 같고, 그분의 음성은 많은 물소리 같았으며,

---

26. 아오리스트 분사 ἐπιστρέψας(에피스트렙사스)는 아오리스트 능동태 직설법 3인칭 주동사 εἶδον(에이돈)보다 한 시제가 앞선다.

27. 완료 수동태 분사 여성 단수 속격(πεπυρωμένης, 'being burnt')과 성, 수, 격이 일치하는 선행사는 앞뒤로 없다. 이런 이유로 일부 사본(205, 209, ℵ등)은 선행사 χαλκολιβάνῳ(칼콜리바노)와 성, 수, 격을 일치시키려고 πεπυρωμένῳ(페퓌로메노)라고 바꾸었다. 다수사본(소문자사본)은 πεπυρωμένοι(페퓌로메노이)인데, 어떤 선행사와도 성, 수, 격이 일치하지 않아서 어색하다. 이 분사를 속격독립구문으로 본다면, 생략된 주어는 여성 단수 속격 명사 αὐτῆς(아우테스)이다(Matthewson, 2016: 13).

28. 중성 명사 χαλκολίβανον(칼콜리바논)은 χαλκός(칼코스, '구리')와 '흰색'에서 유래한 λίβανον(리바논, '향목[香木]')의 합성어이다(Matthewson, 2016: 13; Beekes, 2012: 860; Van der Watt et als, 2012: 1290).

16 그분의 오른손에 일곱 별들을 가지셨고,[29] 그분의 입에서 양날 선 큰 칼이[30] 나왔으며, 그분의 얼굴은 해가 힘차게 비치는 것 같았다.

17 그러자 내가 그분을 보았을 때, 나는 그분의 두 발 앞에 죽은 자처럼 엎드렸는데, 그분의 오른(손)을 내 위에 얹고 말씀하셨다. "너는 두려워하는 것을 멈추라.[31] 나는 처음과 마지막이며,

18 살아있는 이며, 내가 죽었으나, 보라, 영원히 살아서 사망과 하데스의[32] 열쇠들을[33] 가지고 있다.

19 그러므로 너는 본 것들과 있는 것들과 이것들 후에[34] 장차 일어날 일

---

29. 하나의 절(clause)에서 유일한 동사인 현재 능동태 남성 단수 주격 분사 ἔχων (에콘)은 독립적인 직설법 동사 역할을 한다(참고. 계19:12의 ἔχων ὄνομα; Wallace, 1996: 653).

30. 상대적으로 짧은 칼을 가리키는 μάχαιρα(마카이라; 계6:4; 13:10)와 달리, ῥομφαία(흐롬파이아)는 큰 칼을 가리킨다(송영목, 2011: 1033~1063; *BDAG*, 622). 참고로, 아프리칸스 성경, 개역개정, 천주교 성경, 그리고 바른성경은 요한계시록 6장 4절의 μάχαιρα(마카이라)를 '큰 칼'('큰 검', 'groot swaard')로 번역하지만, 13장 10절에서는 형용사 '큰'을 생략한다.

31. 부정어 μὴ(메)와 현재 명령형 동사 φοβοῦ(포부)가 결합하면, 계속 진행 중인 동작을 멈추라(Stop being~)는 의미이다(Wallace, 1996: 724).

32. 히브리어 '스올'에 상응하는 남성 명사 ᾅδης(하데스)는 '음부(陰府; 응달진 곳)' 또는 '무덤'으로 번역된 바 있으나, 죽은 성도나 불신자의 영혼이 가서 주님의 재림 때까지 일시적으로 머무는 곳(아프리칸스 성경의 'doderyk')을 가리킨다 (Montanari, 2015: 29).

33. 마태복음 16장 19절에도 복수 명사 '열쇠들'이 등장한다.

34. 개역개정은 전치사구 '이것들 후에(μετὰ ταῦτα[메타 타우타])'를 번역하지 않는다.

들을 쓰라.

20 네가 보았던 내 오른(손)의 일곱 별들과 일곱 금 촛대들의 비밀은 (이러하다). 그 일곱 별은 일곱 교회들의 사자들이고,[35] 그 일곱 촛대들은 일곱 교회들이다."

---

35. 천주교 성경은 *ἄγγελοι*(앙겔로이)를 '천사들'이라고 번역하는데, 그것은 문맥상 어울리지 않는다(참고. 히2:16). 아프리칸스 성경(1983)은 '사역자들(leraars)'로 적절히 번역한다.

요한계시록 2장

1 "너는 에페소스교회의 사자에게 써라."[1] 그분의[2] 오른손에 일곱 별을 붙잡으시고, 일곱 금 촛대 사이에 거니시는 분께서 이렇게[3] 말씀하신다.

2 "나는 너의 일들과 수고와 너의[4] 오래 참음 그리고 네가 악한 자들을 용납하지 않는 것을 안다.[5] 그리고 너는[6] 자칭 사도라 말하되 아닌 자들을 용납하지 아니한 것과 그들이 거짓됨을 밝혔다.

---

1 '편지하라($\dot{\epsilon}\pi\iota\sigma\tau\dot{\epsilon}\lambda\lambda\omega$[에피스텔로])'에 해당하는 동사는 따로 있다(참고. 행 21:25).

2. 개역개정과 바른성경은 '그의($\alpha\dot{\upsilon}\tauο\tilde{\upsilon}$[아우투])'를 번역하지 않는다.

3. 바른성경과 달리, 개역개정은 지시대명사 중성 복수 대격 '이렇게($T\acute{\alpha}\delta\epsilon$[타데])'를 번역하지 않는데, 이는 요한계시록 2장 9, 12, 18절, 3장 1, 7, 14절도 마찬가지이다.

4. 2절에서 두 번째 등장하는 '너의($\sigmaο\upsilon$[수])'는 바로 앞의 '오래 참음($\dot{\upsilon}\pi\omega\mu\omegaν\acute{\eta}ν$[휘포모넨])'만 수식하지, 더 앞에 위치한 '수고($\varkappaό\piον$[코폰])'까지 수식하지는 않는다. 왜냐하면 '오래 참음'과 '수고'는 정관사 하나로 연결되지 않고 각각 정관사를 가지고 있기 때문이다.

5. 2~3절은 하나의 긴 문장이므로, 한글번역시 하나의 문장을 세부적으로 나누어 독자의 이해를 도울 필요가 있다.

6. 2절의 동사는 2인칭 단수인데, 이는 요한계시록 2~3장의 수신자가 각 교회의 사자이기 때문이다.

3 그리고 네가 인내심을 가지고 내 이름 때문에[7] 지치지 않은 것을 (안다).

4 그러나 내가 너를 나무랄[8] 것이 있는데, 그것은[9] 네가 너의 첫 사랑을 버린 것이다.

5 그러므로 너는 어디서 떨어졌는지 계속 생각하고[10] 회개하라. 그리고 너는 첫 행위들을 행하라. 만일 네가 그렇게 하지 않고 회개하지 않으면, 내가 너에게 가서 네 촛대를 그것의[11] 자리로부터 옮길 것이다.

6 그러나 네가 이것을 가지고 있다. 그것은 네가 니골라당의 행위들을 미워하는 것인데 나도 그것들을[12] 미워한다.

7 귀 있는 이는 성령께서 교회들에게 말씀하시는[13] 것을 들어라. 내가

---

7. 개역개정과 바른성경은 '내 이름을 위하여'로 번역하지만, 직역하면 '내 이름 때문에(διὰ τὸ ὄνομά μου)'가 된다. 이는 전치사(διὰ[디아])와 속격 명사가 아닌 대격 명사(τὸ ὄνομά[토 오노마])가 연결되어 있기 때문이다(참고. 천주교 성경; Matthewson, 2016: 20).

8. '책망하다'라는 말보다 '나무라다'라는 말이 더 쉽다.

9. 4절의 ὅτι(호티)를 KJV처럼 이유의 종속 접속사로 볼 수도 있겠지만, 공동번역처럼 책망의 내용(that)으로 분명하게 번역하는 것이 더 무난해 보인다 (Matthewson, 2016: 20).

10. '회개하라(μετανόησον[메타노에손])'는 아오리스트 명령형이지만, '생각하라 (μνημόνευε[므네모뉴에])'는 현재 명령형이다.

11. 3인칭 여성 단수 속격 대명사(αὐτῆς[아우테스])는 여성 명사 '촛대(τὴν λυχνίαν[테인 뤼크니안])'와 연결된다. 개역개정과 바른성경은 '그 자리에서'라고 번역하는데, '그'가 정관사처럼 보이기에 매우 모호하다.

12. 관계대명사 중성 복수 대격 '그것들을(ἅ[하], which)'을 개역개정과 바른성경처럼 중성 단수 지시대명사 '이것을(this)'로 번역하는 것은 부정확한 것이다.

13. 개역개정과 바른성경은 '말씀을'이라고 명사로 번역하지만, 원문은 '말씀하다

이기는 이에게[14] 하나님의 낙원에 있는 생명나무로부터[15] 먹도록 줄 것이다."

8 그리고[16] "너는 스미르나교회의 사자에게 써라." 처음과 마지막이신[17] 분, 곧 죽으셨다가 살아나신 분께서 이렇게 말씀하신다.

9 "나는 너의 환난과 가난을 안다. 그러나 너는 부자이다. 그리고 (나는) 자칭 유대인들이라는 자들로부터의 비방을 (아는데), 그들은 (유대인들이) 아니라 사탄의 무리(이다).[18]

10 너는 장차 고난당할 것을 두려워 말라. 보라, 마귀가 너희 가운데 (몇 사람을) 감옥에[19] 던져 시험을 당하게 할 것인데, 너희는 십 일 동안 환난을 당할 것이다. 너는 죽기까지[20] 충성하라. 그리하면 내가 너에게

($λέγει$[레게이])'라는 3인칭 단수 동사이다.

14. $αὐτῷ$(아우토)를 문자적으로 번역한 '그에게'보다, 이기는 여자 성도를 포함하는 차원에서 '이에게'로 번역하는 것이 더 적절하다.

15. 개역개정과 바른성경은 '생명나무의 열매를 주어'라고 번역하지만, 헬라어 원문에서 요한은 '열매를'을 생략한 기법을 사용하고 있다(Matthewson, 2016: 23).

16. 개역개정 및 바른성경과 달리, 공동번역은 접속사($Καὶ$[카이])를 빠뜨리지 않고 번역한다.

17. $ὁ \ ἔσχατος$(호 에스카토스)는 바른성경처럼 '나중'이 아니라, '그 마지막 분'이다.

18. $συναγωγὴ$(쉬나고게)를 개역개정은 '회당'으로 번역한다. 하지만 '회당'은 사람 자체가 아니라 모이는 건물을 의미하기에 유대인들을 가리키기에는 매끄럽지 않다.

19. $φυλακὴν$(퓔라켄)은 개역개정과 바른성경처럼 '지옥'이 아니라 '감옥'을 가리킨다. 교리적으로 마귀가 사람을 지옥에 던질 수는 없다.

20. $ἄχρι \ θανάτου$(아크리 싸나투)의 직역은 '죽음까지', 곧 '죽기까지'이다.

생명의 화관을[21] 줄 것이다.

11 귀 있는 이는 성령께서 교회들에게 말씀하시는 것을 들어라. 이기는 이는 결코[22] 둘째 사망으로부터 해를 받지 않을 것이다."

12 그리고 "너는 페르가몬교회의 사자에게 써라." 날카로운[23] 양날 선 칼을 가지신 분께서 이렇게 말씀하신다.

13 "나는 네가 사탄의 보좌가 (있는) 곳에 살고 있는지 안다. 그러나 너는 나의 이름을 붙잡고 나의 믿음을 부인하지 않았다. 심지어[24] (너는) 나의 신실한 나의[25] 증인 안디바가 사탄이 사는 곳에서 너희 가운데 죽임을 당하는 날에도 그러하였다.

14 그러나 나는 너를 나무랄 몇 가지를[26] 가지고 있는데, 그것은 너희 중에[27] 발람의 교훈을 지키는 자들이 있다는 것이다. 발람은 발락을 가

---

21. στέφανον(스테파논)은 원래 화관(wreath)을 가리키는데, 개역개정은 '관'으로, 바른성경은 '면류관(冕旒冠)'으로 번역한다. 한국에서 '면류관'은 일상용어가 아니며, '면류'는 '끈으로 꿰어 늘어뜨린 주옥'이라는 매우 어려운 용어이다.

22. 이중 부정(οὐ μὴ[우 메])은 강한 부정이므로, '결코'를 포함해서 번역하면 강조의 의미를 보다 선명히 살릴 수 있다.

23. 여성 단수 대격 형용사 ὀξεῖαν(옥세이안)은 '날카로운'이라는 뜻이다.

24. 13절에서 세 번째 등장하는 καὶ(카이)를 NIV, RSV, 그리고 TEV는 '~조차(even)'라고 번역한다.

25. 개역개정과 바른성경은 첫 번째 μου(무)를 번역하지 않는다.

26. 개역개정과 바른성경은 중성 복수 대격 형용사 ὀλίγα(올리가, 'few')를 '두어 가지'라고 의역한다.

27. 개역개정은 부사 ἐκεῖ(에케이)를 '거기'라고 직역하지만, 의미가 모호하다. 따라서 의역이 필요하다.

르쳐 이스라엘 자손 앞에 걸림돌을 놓아 우상의 제물을 먹게 하였고 행음하게 하였다.

15 이와 같이 네게도 니골라당의 교훈을 그렇게[28] 지키는 자들이 있다.

16 그러므로 너는 회개하라. 그렇지 않으면 내가 네게 속히 가서 내 입에서 나오는[29] 칼로써 그들과 싸울 것이다.

17 귀 있는 이는 성령께서 교회들에게 말씀하시는 것을 들어라. 내가 이기는 이에게 감추어져 온 만나를 줄 것이고 흰 돌을 줄 것이다. 그 돌 위에 새 이름이 적혀 있는데,[30] 받는 이밖에는 아무도 그것을 알 수 없다.

18 그리고 "너는 티아티라교회의 사자에게 써라." 그의[31] 두 눈이 불꽃 같고 그의 두 발이 빛나는 구리 같은 분께서 이렇게 말씀하신다.

19 "나는 너의 일들, 곧[32] 너의 사랑과 믿음과 봉사와 참음을 안다. 그리고 나는 너의 나중 일들이 처음 일들보다 많은 것을 안다.

20 그러나 나는 너를 나무랄 것이 있는데, 그것은 네가 자칭 선지자라

---

28. 개역개정은 부사 ὁμοίως(호모이오스, 'likewise')를 번역하지 않는다.

29. 개역개정과 바른성경은 '내 입의 검으로'라고 직역하는데(NIV), '내 입에서 나오는 칼로써'라고 의역하는 것이 의미를 더 분명하게 한다(TEV, RSV). 그리고 '검'보다 '칼'이 더 쉽다.

30. 개역개정은 γεγραμμένον(게그람메논)을 '기록한'이라고 능동태로 번역하지만, '적혀 있다'라는 완료 수동태로 번역해야 한다.

31. 18절에서 두 번 등장하는 대명사(αὐτοῦ[아우투])는 개역개정과 같이 정관사처럼 번역하거나, 바른성경과 같이 생략하지 말고 정확하게 번역해야 한다.

32. 첫 번째 접속사 καὶ(카이)를 '그리고'보다 '곧'으로 번역하는 것이 더 자연스럽다. 천주교 성경은 '곧' 대신 쉼표(,)로 표기한다.

고 말하는[33] 여자 이세벨을 용납하는 것이다. 그녀가[34] 내 종들을 가르치고 꾀어 행음하게 하고 우상 제물을 먹게 한다.[35]

21 나는 그녀에게[36] 회개하도록 시간을[37] 주었지만, 그녀는 자신의 음행을 회개하기를 원치 않는다.

22 보라, 네가 그녀를 병상에[38] 던질 것이고,[39] 그녀와 함께 간음하는 자들도 그녀의 일들을 회개하지 않으면 큰 환난에 던질 것이다.

23 그리고 내가 사망으로써 그녀의 자녀를 죽일 것이다. 그리하여 모

---

33. λέγω(레고, '말하다')의 현재 능동태 분사 여성 단수 주격 λέγουσα(레구사)를 개역개정은 '하는'이라고 모호하게 번역한다.

34. 개역개정은 이세벨을 '그가'라고 남성으로 의역한다.

35. 아오리스트 능동태 부정사 φαγεῖν(파게인)을 바른성경은 '먹게 하였다'라고 과거시제로 번역한다. 하지만 주동사 '꾀다'(πλανᾷ[플라나])는 현재 동사이다. 번역할 때 시제는 부정사와 같은 조동사가 아니라 주동사를 잘 반영해야 한다.

36. 개역개정은 3인칭 여성 단수 여격 대명사 αὐτῇ(아우테)를 '그에게'라고 남성으로 의역한다.

37. χρόνον(크로논, '시간')을 개역개정은 '기회'라고 의역한다. 참고로, 바른성경은 현재 동사 θέλει(쎌레이, '원하다')를 과거시제인 '하지 않았다'로 번역한다.

38. 개역개정은 κλίνην(클리넨)을 '침상'으로 번역하지만, 정확하게는 하나님의 심판이 임한 '병상(sickbed)'을 가리킨다(RSV, Bybel[siekbed]). 참고로, NIV는 '고난의 침상(a bed of suffering)'으로 번역한다.

39. βάλλω(발로)는 현재 동사이지만 미래시제의 의미이다(Matthewson, 2016: 35).

든 교회는 내가 생각과[40] 마음을 꿰뚫어 보는[41] 이임을 알게 될 것이다. 그리고 나는 너희 일들을 따라 너희 각 사람에게 갚아 줄 것이다.

24 그러나 나는 티아티라에 있는 너희 나머지 사람들, 곧 이 교훈을 붙잡지[42] 않고 그들이 말하듯이[43] 사탄의 그 깊은 것들을[44] 알지 못하는 이들에게 말한다. 내가 너희에게 다른 짐을 지우지 않겠다.

25 다만 너희가 가지고 있는 것을 내가 갈 때[45]까지 너희는 굳게 잡아라.

26 이기는 이와 나의 일들을 끝까지 지키는 이에게 나는 만국을 다스리는 권세를 줄 것이다.

27 그리하여 그가 쇠막대기로[46] 그들을 목양할 것인데,[47] 마치 그가 질

---

40. 개역개정과 바른성경은 '뜻/생각' 앞에 원문에 없는 '사람의'를 추가하여 의역한다.

41. ἐραυνῶν(에라우논)은 대충 살펴보는 것이 아니라, 면밀하게 조사한다는 의미이다.

42. 현재 능동태 직설법 3인칭 복수 동사 ἔχουσιν(에쿠신)은 '가지다', '취하다'라는 뜻이다.

43. ὡς λέγουσιν(호스 레구신)을 개역개정과 바른성경은 '소위'라고 의역하지만, 직역하면 '그들이 말하듯이'가 된다.

44. '그 깊은 것들(τὰ βαθέα[타 바쎄아])'은 중성 복수 명사이다.

45. 예수님 편에서는 수신자들에게 오시는 것이 아니라 가시는 것이다.

46. 개역개정의 '철장(鐵杖)'보다 '쇠막대기'가 쉬운 표현이다.

47. 미래 능동태 3인칭 단수 동사 ποιμανεῖ(포이마네이)는 '다스리다'라고 의역할 수 있지만, '목양하다'(to shepherd)라는 주요 의미를 가진다. 교회가 만국을 쇠막대기의 권세를 활용하되 사랑으로 목양한다면, 그들은 새 예루살렘성 안으로 들어올 것이다(계21:24).

그릇들을 깨트리는 것과 같다.[48]

28 마치 나도 내 아버지께 받은 것과 같다. 또 내가 그에게 새벽 별을
줄 것이다.

29 귀 있는 이는 성령께서 교회들에게 말씀하시는 것을 들어라.

---

48. 개역개정과 바른성경은 27절에서 다수사본처럼 "나도 내 아버지께 받은 것이
그러하니라."를 추가한다.

요한계시록 3장

1 그리고 "너는 사르디스교회의 사자에게 써라." 하나님의 일곱 영과 일곱 별을 가지고 계신 분께서 이렇게 말씀하신다. "나는 너의 일들을 아는데, 네가 살아있다는[1] 명성을[2] 가지고 있지만 죽은 것이다.

2 너는 깨어 있어라. 그리고 죽어가는[3] 남은 것들을 굳건하게 하라. 왜냐하면 나는 내 하나님 앞에서 네 일들이 온전하게 된 것들을[4] 찾지 못했기 때문이다.

3 그러므로 너는 (교훈을)[5] 어떻게[6] 받아왔고 들었는가를 생각하라. 그리고 (그것을) 지키고 회개하라. 만약 네가 깨어있지 않으면, 내가 도둑같이 갈 것이다.[7] 내가 어느 때에 네게 갈 것인지 너는 결코 모른다.

---

1. 현재 능동태 직설법 2인칭 단수 ζῆς(제스)는 개역개정처럼 '살았다'로 번역하기보다 '살아있다'라는 현재진행형의 의미를 살려 번역하는 것이 더 정확하다.

2. 문맥상 ὄνομα(오노마)는 '이름'보다 '명성(reputation)'으로 번역하는 것이 더 어울린다(Matthewson, 2016: 39).

3. 미완료 동사(ἔμελλον[에멜론])가 부정어(ἀποθανεῖν[아포싸네인])로 보완될 경우, 그 동사의 과거진행적 의미가 종종 사라진다(Matthewson, 2016: 40).

4. 개역개정은 완료 수동태 중성 복수 분사 πεπληρωμένα(페플레로메나)를 '온전한'으로 번역하나, 수동태의 의미를 살려야 한다.

5. 원문에는 없지만, 사르디스교회가 예수님으로부터 받아 들은 것의 목적어를 분명히 밝힐 필요가 있다.

6. '어떻게(πῶς[포스])'는 한 번만 등장하므로 한 번만 번역해도 의미가 통한다.

7. 승천하신 예수님 편에서는, 그분께서 지상 교회에게 오시는 것이 아니라 가시

4 그러나 사르디스에 자신의 옷들을 더럽히지 않은 몇 명이[8] 있는데, 그들은 그럴 자격이 있기[9] 때문에 흰 옷들을 입고 나와 함께 다닐 것이다.

5 이와 같이 이기는 이는 흰 옷들을[10] 입을 것이고, 내가 그의[11] 이름을 생명책에서 결코 지우지 않을 것이며, 그의 이름을 내 아버지 앞과 그분의 천사들 앞에서 시인할 것이다.

6 귀 있는 이는 성령께서 교회들에게 말씀하시는 것을 들어라."

7 그리고 "너는 필라델피아교회의 사자에게 써라." 그 거룩하신 분,[12] 그 진실하신 분, 다윗의 열쇠를 가지고 계신 그분, 열면 닫을 사람이 없고 닫으면 열 사람이 없는 그분께서 이렇게 말씀하신다.

8 "나는 네 일들을 안다. 보라,[13] 내가 네 앞에 열려진[14] 문을 두었는데, 아무도 그것을 닫을 수 없다. 왜냐하면 네가 적은[15] 능력을 가지고도

는 것이다.

8. RSV는 ὀνόματα(오노마타)를 'names'라고 직역하지만, 여기서는 '사람들'을 가리킨다.

9. 남성 복수 주격 형용사 ἄξιοί(악시오이)는 '자격이 있는(worthy)'이라는 뜻이다.

10. '옷들(ἱματίοις[히마티오이스])'은 복수형이다.

11. 개역개정에서 '그 이름(the name)'으로 번역한 것은 부정확하다. 그보다는 '그의 이름(τὸ ὄνομα αὐτοῦ[토 오노마 아우투])'으로 번역하는 것이 옳다.

12. 관사와 형용사가 결합된 형용사의 독립적 용법, 곧 명사와 같은 의미가 반복된다.

13. '보라(ἰδοὺ[이두])'는 문두에 위치하지 않는다.

14. 개역개정처럼 '열린'으로 번역하기보다 '열려진(ἠνεῳγμένην[에네오그메넨])'으로 번역한다. 왜냐하면 이는 신적수동태 여성 단수 대격 분사이기 때문이다.

15. 능력과 같은 추상 명사를 설명할 때는 '작다'가 아니라 '적다'를 사용하는 것이

내 말을 지켰고 내 이름을 부인하지 않았기 때문이다.

9 보라, 내가 사탄의 무리를 네게 줄 것이다. 그들은 자칭 유대인들이라고 말하지만 그렇지 않고 거짓말한다. 보라,[16] 내가 그들이 확실히 와서[17] 네 두 발 앞에 절하게 만들어, 내가 너를 사랑한다는[18] 것을 알게 할 것이다.

10 네가 인내하라는 나의 말을[19] 지켰기 때문에, 나도 너를 시험의 때에[20] 지킬 것이다. (그 시험은) 땅 위에 사는 자들을 시험하기 위해서 장차 온 세상에 임할 것이다.

11 내가 속히 갈 것이다. 아무도 네 화관을 빼앗지 못하게 하도록 너는

옳다.

16. 9절에 '보라(ἰδοὺ[이두])'가 두 번 등장한다.

17. ἵνα(히나) 다음에 가정법 동사가 뒤따르는 것이 일반적인 규칙이지만, 요한은 미래 직설법 동사(ἥξουσιν[헥수신])로 표기한다. 이런 용례는 계시록에 10회 등장한다(계3:9; 6:4, 11; 8:3; 9:4, 5, 20; 13:12; 14:13; 22:14). 가정법 동사와 미래 동사는 모양과 의미에서 유사하지만, 후자가 의미상 더 무게감이 있다고 볼 수 있다(Matthewson, 2016: 48).

18. RSV, KJV, NIV는 아오리스트 동사(ἠγάπησά[에가페사])를 'I have loved'라고 번역한다. 하지만 이 아오리스트 동사는 현재시제로 번역하는 것이 자연스럽다.

19. 개역개정의 '인내의 말씀을(τὸν λόγον τῆς ὑπομονῆς[톤 로곤 테스 휘포모네스])'은 직역이지만, 의미가 쉽게 와 닿지는 않는다. 따라서 의역이 필요하다.

20. 바른성경처럼 개역개정은 '시험의 때를(혹은 때로부터) 면하게 하리니(ἐκ τῆς ὥρας τοῦ πειρασμοῦ[에크 테스 호라스 투 페이라스무])'라고 직역한다. 그러나 계시록은 박해와 시험 가운데 있는 성도에게 쓴 편지이다. 따라서 계시록의 독자에게 시험을 면할 것이라는 주님의 약속이 주어진 것으로 보기 어렵다(참고. 요17:15; Matthewson, 2016: 49).

네가 가지고 있는 것을 굳게 잡아라.

12 나는 이기는 이로 하여금 내 하나님의 성전에 기둥으로 삼을 것인데, 그는 결코 다시는 밖으로 나가지 않을 것이다. 그리고 나는 내[21] 하나님의 이름과 내 하나님의 성, 곧 하늘에서 내 하나님으로부터 내려오는[22] 새 예루살렘의 이름과 나의 새 이름을 이기는 이 위에 기록할 것이다.

13 귀 있는 이는 성령께서 교회들에게 말씀하시는 것을 들어라."

14 그리고 "너는 라오디케이아교회의 사자에게 써라." 아멘, 신실하고 참된 증인, 하나님의 창조의 통치자께서[23] 이렇게 말씀하신다.

15 "나는 너의 일들을 안다. 너는 차갑지도 뜨겁지도 않다. 나는 네가 차갑거나 뜨거우면 좋으련만![24]

16 네가 이렇게 미지근하여 뜨겁지도 않고 차갑지도 않으니,[25] 나는 너

---

21. 12절에 '나의(μου[무])'가 5회나 반복되어 성부와 성자 간의 친밀함이 강조된다.

22. '속격' 명사(τῆς καινῆς Ἰερουσαλὴμ[테스 카이네스 이에루살렘]) 뒤에서 관사를 가진 '주격' 분사(ἡ καταβαίνουσα[헤 카타바이누사])가 수식한다. 따라서 격이 불일치하는데, 이 주격 분사는 설명을 위한 삽입적(parenthetical) 용례로 봐야 한다(Matthewson, 2016: 51).

23. ἀρχή(아르케)는 '근원(origin)' 혹은 '시작(beginning; KJV, RSV)'을 가리키지만, '통치자(ruler; NIV)'라는 뜻도 적절하다. 문맥상 예수님은 피조계의 통치자로 강조된다(참고. 계3:21의 '내 보좌').

24. ὄφελον(오펠론)은 불가능한 소원을 의미하는 불변화사이다. '좋으련만!'은 천주교 성경의 번역이다(Matthewson, 2016: 53).

25. 바른성경은 '차지도 않고 뜨겁지도 않으니'라고 순서를 바꾸어 오역한다.

를 내 입에서 뱉어 버리겠다.[26]

17 너는 나는 부유하며[27] 풍족해왔고[28] 아무 것도 필요한 게 없다고 말한다. 그러나 너는 네가 비참하고[29] 불쌍하며 가난하고 소경이며 벌거벗은 것을 알지 못한다.

18 내가 네게 권한다.[30] 나에게서 불로써 제련된 금을 사서 부요하게 되고, 흰 옷을 사 입어 너의 벌거벗음의[31] 수치를 보이지 않게 하고, 안약을 사서 너의 두 눈에[32] 발라 볼 수 있도록 하라.

19 나는[33] 내가 사랑하는 이들마다[34] 책망하고[35] 징계도 한다. 그러므로

---

26. 개역개정처럼 '토하다(ἐμέσαι[에메사이])'보다는 음식물을 위장까지 내려 보내기 전에 입에서 '뱉다'가 적절하다.

27. πλούσιός(플루시오스)는 명사 '부자'가 아니라 형용사 '부유한'이다.

28. πεπλούτηκα(페플루테카)는 현재 완료 능동태 직설법 1인칭 복수 동사이다.

29. ταλαίπωρος(탈라이포로스)와 ἐλεεινός(엘레에이노스)는 둘 다 '비참한(wretched, miserable)' 혹은 '불쌍한(pitiable)'이라는 형용사이다.

30. 바른성경과 RSV는 18절 초두에 접속사 '그러므로'를 추가하는데, 이는 17절의 이유의 내용을 18절에서 이어받는다고 판단한 결과이다. 하지만 원문에는 이 접속사가 없다(Bratcher and Hatton, 1993: 81).

31. '너의(σου[수])'는 명사 '벌거벗음의(γυμνότητός[귐노테토스])'를 수식한다.

32. 개역개정처럼 '눈에'라고 번역하면, 인칭대명사 '너의(σου[수])'를 생략하고 복수형 '눈들(τοὺς ὀφθαλμούς[투스 옵쌀무스])'을 반영하지 못한다.

33. 천주교 성경은 '나는'을 19절 중간에 위치시킨다. 하지만 19절은 첫 번째 단어인 ἐγὼ(에고, '나는')를 강조한다.

34. ὅσους(호수스)는 관계대명사 남성 '복수' 대격이다. 개역개정과 바른성경은 단수형으로 번역한다.

35. 바른성경은 ἐλέγχω(엘렝코, '내가 책망하다')를 번역하지 않는다.

너는 열심을 내고 회개하라.

20 보라, 나는 문에[36] 서서 두드리고 있다. 누구든지 내 목소리를 듣고 문을 열면, 내가 그에게 들어갈 것이고, 내가 그와 함께 먹을 것이며 그는 나와 함께 (먹을 것이다).

21 이기는 이에게 내가 내 보좌에 나와[37] 함께 앉도록 해줄 것인데, 마치 나도[38] 이겼고[39] 그분의 보좌에 내 아버지와[40] 함께 앉은 것과 같다.

22 귀 있는 이는 성령께서 교회들에게 말씀하시는 것을 들어라."

---

36. ἐπὶ τὴν θύραν(에피 텐 쒸란)은 '문 밖에'(개역개정)인가? 아니면 '문 앞에' (바른성경)인가? 전치사 ἐπὶ(에피)는 '~에(at)', '~곁에/~가까이에(by, near)' 라는 의미이다. 따라서 NIV처럼 '문에(at the door)'라고 번역하면 무난하다 (Matthewson, 2016: 56; Bratcher and Hatton, 1993: 83).

37. 개역개정은 '나와(ἐμοῦ[에무])'를 번역에서 생략했다.

38. κἀγὼ(카고)는 '내가'가 아니라 '나도(I also)'이다.

39. 예수님의 승귀 사건은 아오리스트 시제, 즉 과거형(ἐνίκησα καὶ ἐκάθισα[에니 케사 카이 에카씨사])으로 나타난다. 그 뜻은 '이겼고 앉았다'이다.

40. 개역개정은 '내 아버지와 함께(μετὰ τοῦ πατρός μου[메타 투 파트로스 무])' 를 제대로 번역하지 않았다.

요한계시록 4장

1 보라,[1] 이 일들 후에 나는 하늘에 문이 열려져 있는 것을 보았다.[2] 그리고 나에게 말한 나팔 (소리) 같은 내가 이전에[3] 들었던 음성이 말한다. "너는 이리로 올라오라. 내가 너에게 이 일들 후에 반드시[4] 일어날 일들을 보여 줄 것이다."

2 나는 즉시 성령님 안에 있게 되었다. 그리고, 보라, 보좌가 하늘에 놓여 있었고, 그 보좌 위에 앉으신 분이 (계셨다).[5]

---

1. 개역개정이 번역하지 않은 '보라(ἰδοὺ[이두])'는 독자의 주의를 하늘에 열려져 있는 문으로 이끈다.

2. 정관사가 없는 완료 수동태 분사(ἠνεῳγμένη[에네오그메네])가 주어(θύρα[쒸라])의 상태를 설명하는 분사의 속격독립구문이므로, 개역개정의 '열린 문'처럼 분사의 수식적 용법으로 보기 어렵다(대조. Matthewson, 2016: 59).

3. '첫 음성(ἡ φωνὴ ἡ πρώτη[헤 포네 헤 프로테])'이라고 직역하기보다 '이전에 들은 음성'이라고 바람직하게 번역한 경우에 대해서는 Bratcher and Hatton, 1993: 87을 보라.

4. 개역개정이 번역에서 누락한 현재 능동태 직설법 3인칭 단수 동사 '반드시(δεῖ[데이])'는 필연성을 강조한다.

5. 주동사(ἔκειτο[에케이토])가 미완료시제이므로, 현재분사(καθήμενος[카쎄메노스])는 현재시제가 아니라 주동사의 시제에 맞춰 과거진행으로 번역해야 한다. 정관사를 가지지 않은 이 현재분사는 서술적 용법(바른성경)이라기보다 주어처럼 사용된 독립적 용법이다(개역개정). 왜냐하면 2절에서 주어 역할을 하는 무정관사 명사 '보좌'처럼, '앉아 계신 분'도 처음으로 언급될 경우에는 정관사를 취하

3 그리고 앉아 계신 그분의[6] 모양은 벽옥과 홍옥 같았고, 그 보좌 둘레의 무지개의 모양은 에메랄드와 같이 (빛났다).[7]

4 그리고 (나는) 그 보좌 둘레에 이십 사 보좌를[8] (보았고), 그 보좌들 위에 흰 옷들을 입고 앉아 있는 이십 사 장로를[9] (보았는데), 그들의[10] 머리에 금관들을 썼다.

5 그 보좌에서[11] 번개들과 음성들과 천둥들이[12] 나오고, 그 보좌 앞에 불

지 않는 주어와 같다. 따라서 이 분사는 정관사를 가진 독립적 용법으로 보는 것이 자연스럽다. 이 분사의 동사는 생략되었다(Matthewson, 2016: 61).

6. 2절의 무정관사 분사형과 달리, 3절에서 '앉아 계신 분(ὁ καθήμενος[호 카쎄메노스])'이 두 번째 등장할 경우 정관사를 가진다.

7. 무지개의 색깔이 에메랄드, 곧 취옥처럼 녹색이라고 하는 것은 이상하다. 따라서 요한은 무지개의 녹색이라는 색깔이 아니라, 에메랄드처럼 찬란하게 빛나는 무지개의 상태를 강조하는 것이다(Bratcher and Hatton, 1993: 89).

8. '이십 사 보좌를(θρόνους εἴκοσι τέσσαρες[쓰로누스 에이코시 테사레스])'은 주격이 아니라 대격이므로, 생략된 동사 '내가 보았다(εἶδον[에이돈])'의 목적어 역할을 한다. 하지만 개역개정과 바른성경은 '이십 사 보좌'를 다수사본처럼 주격(θρόνοι εἴκοσι τέσσαρες[쓰로노이 에이코시 테사레스])으로 번역한다(Matthewson, 2016: 62).

9. 대격 '이십 사 장로들을(εἴκοσι τέσσαρας πρεσβυτέρους[에이코시 테사라스 프레스뷔테루스])'은 생략된 동사 '내가 보았다'의 목적어이다.

10. 개역개정과 바른성경은 '그들의(αὐτῶν[아우톤])'를 번역하지 않았다.

11. 이십 사 장로의 '보좌들'과 구분된 것은 하나님의 '그 보좌'이다. '보좌' 대신 구체적이고 특정한 '그 보좌'가 적절한 번역이다.

12. '번개들, 음성들, 천둥들'은 모두 복수 명사이다.

타오르는 일곱 등불이 (있는데), 그것들은[13] 하나님의 일곱 영이시다.[14]

6 그리고 그 보좌 앞에 수정 같은 유리 바다가 (있다). 그리고 그 보좌 가운데와[15] 그 보좌 주위에는 앞뒤에 눈들이 가득한 네 생물이 (있다).

7 그 첫째 생물은 사자 같고, 그 둘째 생물은 송아지 같고, 그 셋째 생물은 사람(의 얼굴)[16] 같은 얼굴을 가지고 있고,[17] 그 넷째 생물은 날아가

---

13. 다수사본은 여성 복수 주격 선행사($\dot{\epsilon}\pi\tau\dot{\alpha}$ $\lambda\alpha\mu\pi\dot{\alpha}\delta\epsilon\varsigma$[헤프타 람파데스], '일곱 등불')에 맞추어 관계대명사를 여성 복수 주격형($\alpha\ddot{\iota}$[하이])으로 쓴다. 하지만 고대 대문자 사본들은 중성 복수 명사 '일곱 영($\tau\dot{\alpha}$ $\dot{\epsilon}\pi\tau\dot{\alpha}$ $\pi\nu\epsilon\dot{\upsilon}\mu\alpha\tau\alpha$[타 헤프타 프뉴마타])'에 맞추어 중성 복수 주격 관계대명사($\ddot{\alpha}$[하])를 사용한다(Matthewson, 2016: 63).

14. '일곱 영'은 성령님을 가리키므로, '이다' 대신에 '이시다($\epsilon\dot{\iota}\sigma\iota\nu$[에이신])'라고 존칭어로 번역하는 것이 옳다.

15. 전치사구 $\dot{\epsilon}\nu$ $\mu\dot{\epsilon}\sigma\omega$(엔 메소)는 '가운데'(개역개정) 혹은 '중앙'(바른성경)으로 번역된다. 그런데 어떻게 네 생물이 하나님의 보좌 중앙/가운데와 주위에 동시에 자리 잡을 수 있는가? 따라서 '그 보좌 중앙/가운데'는 네 생물이 하나님의 보좌 위의 한 가운데 앉아 있다는 의미로 보기 어렵고(예. 천주교 성경, 공동번역) '그 보좌 가까이'에 있다는 의미로 봐야 한다(Matthewson, 2016: 64).

16. 참고. Bratcher and Hatton, 1993: 92.

17. '사람 같은 얼굴을 가지고 있는($\dot{\epsilon}\chi\omega\nu$ $\tau\dot{o}$ $\pi\rho\dot{o}\sigma\omega\pi\omega\nu$ $\dot{\omega}\varsigma$ $\dot{\alpha}\nu\theta\rho\dot{\omega}\pi\omega\upsilon$[에콘 토 프로소폰 호스 안쓰로푸])'은 직역이다. 개역개정은 대격 명사 $\tau\dot{o}$ $\pi\rho\dot{o}\sigma\omega\pi\omega\nu$(토 프로소폰)을 '얼굴이'라고 주격으로 번역한다. 현재 능동태 남성 단수 주격 분사($\dot{\epsilon}\chi\omega\nu$[에콘])는 주동사처럼 사용된다(참고. 계1:16의 $\dot{\epsilon}\chi\omega\nu$). 그런데 ℵ과 다수사본이 사본상 강력하게 지지하는 것은 '중성' 단수 주격 주어($\zeta\tilde{\omega}\omega\nu$[조온])에 맞추어 표기한 '중성' 단수 주격 분사($\dot{\epsilon}\chi\omega\nu$)이다. 하지만 남성 분사($\dot{\epsilon}\chi\omega\nu$)는 중성 명사($\zeta\tilde{\omega}\omega\nu$)가 남성처럼 살아 있는 존재를 가리키기 위해 표기한 것으로 보인다(Matthewson, 2016: 64).

는 독수리와 같다.

8 그리고 네 생물은 각각 여섯 날개씩 가지고 있는데, 둘레와 안쪽에[18] 눈들이 가득하다. 그들은 쉼 없이 낮과 밤에[19] 말한다. "거룩하시다, 거룩하시다, 거룩하시다, 전능하신 주 하나님, 곧 전에도 계셔왔고,[20] 지금도 계시며, 지금도 오고 계신[21] 분이십니다."

9 그 생물들이 보좌 위에 앉아 계신 영원히 살아 계신 분께 영광과 존귀와 감사를 드릴 때마다,[22]

10 이십 사 장로가 보좌 위에 앉으신 분 앞에 엎드리고, 영원히 살아 계신 분께 경배하고, 그들의 화관들을[23] 그 보좌 앞에 내려놓으며[24] 말

---

18. κυκλόθεν καὶ ἔσωθεν(퀴클로쎈 카이 에소쎈)을 개역개정은 '안과 주위에'라고 번역함으로써, 두 부사의 어순을 바꾸었다.

19. ἡμέρας καὶ νυκτός(헤메라스 카이 뉘크토스)는 '낮과 밤'인데(참고. 계7:15; 12:10; 14:11; 20:10), 한글 용례는 '밤낮'이다.

20. 미완료 동사(ἦν[엔])는 과거진행의 의미이다.

21. 현재 디포넌트 분사 남성 단수 주격 ὁ ἐρχόμενος(호 에르코메노스)는 지금도 오고 계신 분이다. 따라서 이 독립적 용례의 분사는 단지 미래적 의미만 가지는 것이 아니다.

22. ὅταν(호탄)과 뒤따르는 미래 동사(δώσουσιν[도수신])는 미래의 특정한 행동을 가리킬 수 있지만, 보다 일반적으로는 반복된 행동을 가리킨다. 따라서 NIV와 RSV는 'whenever'라고 번역한다(Matthewson, 2016: 66).

23. στεφάνους(스테파누스)는 다양하게 번역된다(예. '관'[개역개정], '면류관'[바른성경], '금관'[천주교 성경] 등).

24. 현재적 의미의 미래 동사 βαλοῦσιν(발루신)은 '던지다'라는 강한 의미를 가지고 있지만, 이십 사 장로가 자신의 면류관을 하나님의 보좌 앞에 던진다고 말하는 것은 어색하다(Bratcher and Hatton, 1993: 94).

한다.

11 "우리 주 하나님이시여, 주님께서는 영광과 존귀와 능력을 받기에 합당하십니다. 왜냐하면 주님께서 만유를[25] 창조하셨고, 만유가 주님의 뜻 때문에[26] 있었고 창조되었기 때문입니다."

---

25. $\tau\grave{\alpha}\ \pi\acute{\alpha}\nu\tau\alpha$(타 판타)를 '만물(萬物)'로 번역하면 가시적인 모든 것을 가리키게 된다. 그러나 사람의 영혼이나 공기와 같이 비가시적인 피조물을 포함하는 '만유(萬有)'가 더 적절하다.

26. 개역개정과 바른성경처럼 '뜻대로'로 번역하기보다 '뜻 때문에($\delta\iota\grave{\alpha}\ \tau\grave{o}\ \theta\acute{\epsilon}\lambda\eta\mu\acute{\alpha}$[디아 토 쎌레마])'로 번역해야 한다.

요한계시록 5장

1 그리고 나는 보좌 위에 앉아 계신 분의 오른(손)에 있는 양면에[1] 기록된 두루마리를[2] 보았는데, (그것은) 일곱 인으로 봉해졌다.

2 또 나는 힘센 천사가 큰 소리로 외치는 것을 보았다. "누가 그 두루마리를 펴서 그것의 봉인들을[3] 떼기에 합당한가?"[4]

3 그러나 하늘과 땅 위와 땅 아래 그 두루마리를 펴거나 그것을[5] 들여

---

1. 직역하면, '안(ἔσωθεν[에소쎈])과 뒤(ὄπισθεν[오피스쎈])'가 된다. 따라서 개역개정과 바른성경의 '안팎으로'는 의역한 것이다. 쉬운 표현으로 '양면에'라는 의역도 적절하다.

2. βιβλίον(비블리온)은 '책'(바른성경)이 아니라, 요한 당시에 흔했던 '두루마리(scroll)'를 가리킨다.

3. 개역개정은 '그 인을'이라고 번역함으로써, 3인칭 중성 단수 속격 대명사(αὐτοῦ[아우투])를 정관사처럼 번역하고, 여성 복수 대격 명사(σφραγῖδας[스프라기다스])를 단수 명사처럼 번역했다. '그 봉인을'이라고 번역한 바른성경도 마찬가지이다.

4. 천주교 성경과 공동번역은 '봉인을 뜯고 두루마리를 펴기에'라고 합리적인 순서로 번역한다. 먼저 봉인을 제거해야 두루마리를 열 수 있기 때문이다. 하지만 이것은 헬라어 원문의 어순과는 다르다. 요한은 도치법(倒置法)을 사용하여, 둘 중에 더 중요한 '펴다'를 먼저 언급한다(Matthewson, 2016: 70).

5. 개역개정은 3인칭 대명사 중성 단수 대격 '그것을(αὐτό[아우토])'을 번역하지 않는다.

다볼[6] 사람이 없었다.[7]

4 나는 크게 울고 있었는데,[8] 그 두루마리를 펴거나 그것을[9] 들여다보기에 합당한 사람이 보이지 않았기 때문이다.

5 그런데 그 장로들 중 한 사람이 내게 말한다. "너는 울지 말라. 보라,[10] 유다[11] 지파로부터 나온 사자, 곧 다윗의 뿌리가 이기셨으므로, 그 두루마리를 펴시고 그것의 일곱 봉인을 (떼실 것이다)."[12]

6 그리고 나는 그 보좌와 네 생물과 장로들 중앙에[13] 죽임 당하신 것

---

6. 현재 부정사 βλέπειν(블레페인)은 단순히 '보다'라는 의미가 아니다. 왜냐하면 두루마리 자체는 요한도 보았기 때문이다. 따라서 이 부정사는 그 두루마리의 내용을 들여다보는 것을 가리킨다(Matthewson, 2016: 71; Bratcher and Hatton, 1993: 98).

7. 주동사(ἐδύνατο[에뒤나토])는 미완료시제이므로, '없었다'(바른성경)라고 번역해야 한다. 개역개정은 현재시제 '없더라'로 번역한다.

8. ἔκλαιον(에클라이온)은 '내가 계속 울고 있었다'는 뜻의 미완료 동사이다. 하지만 개시적(inceptive) 미완료 동사로 간주하여 '내가 울기 시작했다(began weeping)'라고 번역하기도 한다.

9. 개역개정은 4절 마지막 단어 '그것을(αὐτό)'을 번역하지 않는다.

10. 개역개정은 '보라(ἰδού)'를 번역하지 않는다.

11. 개역개정은 '유대'라고 오역하는데, 야곱의 열 두 아들 중 한 명은 '유다(Ἰούδα)' 이다.

12. 일곱 봉인은 펴는 것이 아니라 떼는 것이기 때문에, 아오리스트 능동태 부정사 '떼다(λῦσαι[뤼사이])'가 생략되었다고 할 수 있다(참고. 계5:2).

13. 6절에 두 번 반복된 ἐν μέσῳ(엔 메소)는 '사이에(within, in the middle of)', '가운데(among)'인가, 아니면 '중앙에(in the center of)'인가? 계시록의 내러티브에서 어린양은 성부와 더불어 보좌 위에 계시므로(참고. 계3:21; 7:17; 20:11), 어

같은[14] 어린양께서 서 계신 것을 보았다. 어린양께서는 일곱 뿔과 일곱 눈, 곧 온 땅에 보내심을 받은 하나님의 일곱 영을 가지고 계신다.

7 또 어린양께서 (손을)[15] 뻗어[16] 보좌 위에 앉으신 분의 오른(손)에서 (두루마리를) 받으셨다.[17]

8 어린양께서 두루마리를 받으셨을 때, 네 생물과 이십 사 장로는 각각 하프와[18] 향들이 가득한 금 대접들을 가지고 어린양 앞에 엎드렸는데,

---

린양의 보좌는 네 생물과 이십 사 장로가 둘러싸고 있는 중앙에(in the center of; NIV) 있다. 헬라어 원문을 반영하여 ἐν μέσῳ(엔 메소)를 두 번 번역하는 RSV는 '그 보좌와 이십 사 장로 사이 그리고 장로들 가운데'라고 번역하는데, 어린양이 이십 사 장로 가운데 계신 것은 납득하기 어렵다(대조. Matthewson, 2016: 73; Bratcher and Hatton, 1993: 101).

14. 개역개정은 헬라어 원문에 없는 '일찍이'를 포함하여, '일찍이 죽임을 당한 것'이라고 번역한다.

15. 어린양은 손이 없고 발뿐이지만, 요한이 본 환상 가운데서는 어린양의 '손'이라고 표현해도 가능하다(Bratcher and Hatton, 1993: 102).

16. 어린양은 보좌 위에 계시므로, 보좌를 향해 걸어가신 것이 아니라 두루마리를 취하시려고 손을 뻗으신 것이다.

17. 요한계시록 3장 3절에서도 εἴληφεν(에일레펜)은 '취했다(took)'보다 '받았다(received)'라는 의미가 더 적절하다.

18. 현대인에게 '하프'가 '수금'이나 '거문고'보다 더 이해하기 쉽다.

그 향들은[19] 성도의 기도들이다.[20]

9 그들이 새 노래를 불렀다. "주님께서는 그 두루마리를 취하셔서 그것의 봉인들을[21] 떼시기에 합당합니다. 왜냐하면 주님께서는 죽임을 당하셨고 모든 족속과 언어와[22] 백성과 나라로부터 주님의 피로써 우리를[23] 사셔서 하나님께 (드리셨고),

10 그들을 우리 하나님을 위하여[24] 나라와 제사장들로 삼으셨으니, 그

---

19. 천주교 성경은 "금 대접들은 성도들의 기도입니다."라고 오역한다. 이것은 여성 복수 주격 관계대명사(αἵ)의 선행사를 여성 복수 명사 '금 대접들(φιάλας χρυσᾶς[피알라스 크뤼사스])'로 보았기 때문에 발생한 오류이다. 관계대명사의 선행사는 바로 앞의 중성 복수 명사 '향들(θυμιαμάτων[쒸미아마톤])'이다. 관계대명사가 여성 복수 주격인 이유는 뒤따르는 여성 복수 주격 명사(αἱ προσευχαὶ[하이 프로슈카이])에 맞추기 위함이다(Matthewson, 2016: 77; 대조. Bratcher and Hatton, 1993: 103).

20. 바른성경은 '성도들의 기도'라고 번역하는데, '성도'는 거룩한 무리를 가리키므로 '들'이 없어도 복수 명사이다. 그리고 '기도'는 복수형(αἱ προσευχαὶ)으로 번역해야 한다.

21. '그 인봉을'(개역개정)이 아니라, '그것의 봉인들을(τὰς σφραγῖδας αὐτοῦ[타스 스프라기다스 아우투])'이다.

22. 개역개정의 '방언(γλώσσης[글로세스])'은 성령의 은사인 방언과 혼동을 일으킬 수 있다(참고. 고전12:14).

23. ℵ과 다수사본은 τῷ θεῷ(토 쎄오) 다음에 '우리를(ἡμᾶς[헤마스])'을 포함하는데, 사본상 원본으로 볼 수 있다.

24. τῷ θεῷ(토 쎄오)는 '하나님 앞에서'(개역개정, 바른성경)가 아니라 '하나님을 위하여' 혹은 '하나님에게'이다.

들이 땅 위에서 다스리기[25] 때문입니다."

11 그리고 나는 그 보좌와 생물들과 장로들을 둘러싼 많은 천사들을 보았고 그들의 음성을 들었는데,[26] 그들의 수는 수천 수백만이었다.[27]

12 그들이 큰 소리로 말하였다.[28] "죽임을 당하신 어린양께서는 능력과 부와 지혜와 힘과 존귀와 영광과 찬송을 받으시기에 합당합니다."

13 그리고 나는 하늘과 땅 위와 땅 아래와 바다에 있는 모든 피조물과 그것들 안에 있는[29] 만유가 말하는 것을 들었다. "보좌에 앉으신 분과

---

25. 미래시제 '그들이 다스릴 것이다($\beta\alpha\sigma\iota\lambda\varepsilon\acute{\upsilon}\sigma\upsilon\sigma\iota\nu$[바실류수신])'는 ℵ과 P가 지지한다. 하지만 현재시제($\beta\alpha\sigma\iota\lambda\varepsilon\acute{\upsilon}\upsilon\sigma\iota\nu$[바실류우신])는 A와 다수사본이 지지할 뿐 아니라, 어린양의 과거의 구속 사역이 성도의 현재적 통치 사역에 영향을 미친다는 문맥에 더 적절하며, 또한 이해하는 데도 쉽게 다가온다. 그러나 계시록을 미래론적으로 읽기 원하는 이는 미래 동사를 선호할 것이다.

26. '보았다($\varepsilon\check{\iota}\delta o\nu$[에이돈])'와 '들었다($\mathring{\eta}\varkappa o\upsilon\sigma\alpha$[에쿠사])'의 내용이 뒤따르는데, 시각 내용과 청각 내용을 구분하여 따로 번역하는 것이 자연스럽다.

27. 미완료 동사 $\mathring{\eta}\nu$(엔)은 개역개정처럼 '이다'가 아니라, '이었다'가 옳다. 한글식 표현 '수천 수백만'과 달리, 헬라어 원문은 '수만 그리고 수천($\mu\upsilon\rho\iota\acute{\alpha}\delta\varepsilon\varsigma$ $\mu\upsilon\rho\iota\acute{\alpha}\delta\omega\nu$ $\varkappa\alpha\grave{\iota}$ $\chi\iota\lambda\iota\acute{\alpha}\delta\varepsilon\varsigma$ $\chi\iota\lambda\iota\acute{\alpha}\delta\omega\nu$[뮈리아데스 뮈리아돈 카이 킬리아데스 킬리아돈])'이다.

28. 개역개정은 '큰 음성으로 이르되'라고 번역함으로써, 주어가 누구인지 불분명하다. 그리고 개역개정은 현재 분사($\lambda\acute{\varepsilon}\gamma o\nu\tau\varepsilon\varsigma$[레곤테스])를 반영하여 '이르되'라는 현재 동사로 번역한다. 하지만 11절의 주동사들은 모두 아오리스트 동사이므로, '말했다'가 정확하다.

29. $\acute{\varepsilon}\nu$ $\alpha\grave{\upsilon}\tauo\hat{\iota}\varsigma$(엔 아우토이스)는 개역개정처럼 '그 가운데'라고 부정확하게 번역될 수 있는 전치사구가 아니다.

어린양께 찬송과 존귀와 영광과 권능이 영원합니다."³⁰

14 그러자 네 생물은 "아멘"이라 말하였고,³¹ 장로들은 엎드려 경배하였다.³²

---

30. 계시록에서 찬송의 내용은 바른성경과 같이 들여쓰기와 따옴표 안에 처리하여, 산문과 구분하는 동시에 현대 독자의 이해를 도울 수 있다.

31. 현재시제로 '말하다'가 아니라, 미완료 동사(ἔλεγον[엘레곤])이다.

32. 개역개정은 현재시제 '엎드려 경배하더라'로 번역하지만, 요한은 아오리스트 동사 '엎드려 경배하였다(ἔπεσαν καὶ προσεκύνησαν[에페산 카이 프로세퀴네산])'로 표기한다.

요한계시록 6장

1 그리고 나는 어린양께서 일곱 봉인들 가운데 하나를 떼신 것을 보았고, 네 생물 중 하나가 천둥 같은 소리로 "너는 가라."고[1] 말하는 것을 들었다.

2 그리고, 보라, 나는 흰 말과 활을 가지고 그것을 타고 있는 이를 보았다. 그리고 그에게 화관이 주어졌는데,[2] 그는 이긴 이로서[3] 또 이기려고 나갔다.

3 어린양께서[4] 둘째 봉인을 떼셨을 때, 나는 둘째 생물이 "너는 가라."고 말하는 것을 들었다.

4 그러자 다른 붉은 말이 나갔는데, 그것을 탄 이에게 땅에서 평화를 제

---

1. ἔρχου(에르쿠)는 '가라' 혹은 '오라'는 의미이다. 2절과 4절의 '나갔다(ἐξῆλθεν[엑셀쎈])'에서 보듯이, 말 탄 자들은 '가서' 임무를 수행했다(참고. Bratcher and Hatton, 1993: 109). 그런데 ℵ과 다수사본은 '너는 가라(ἔρχου[에르쿠])' 대신에 '너는 와서 보라(Ἔρχου καὶ ἴδε[에르쿠 카이 이데])'라고 표기한다. 하지만 여기서 이중 명령형 동사가 요한계시록 6장의 내러티브와 문맥에 자연스럽지 않은 이유는 말 탄 이들이 무언가를 보지 않고 가서 행동하기 때문이다.
2. ἐδόθη(에도쎄)는 개역개정처럼 능동태인 '받고'가 아니라, 신적 수동태를 살려서 '주어졌다'(바른성경, NIV)라고 번역하는 것이 좋다.
3. 현재 분사 νικῶν(니콘)은 흰 말을 탄 이가 이미 이기고 있음을 전제로 한다.
4. 봉인을 떼시는 분은 '어린양'이라는 것을 분명하게 반복적으로 번역함으로써, 환상에 익숙하지 않은 현대 독자의 이해를 도울 수 있다.

거하고 사람들이 서로 죽이도록[5] 만드는 (권세가) 주어졌다. 그리고 그에게 큰 칼도 주어졌다.

5 어린양께서 셋째 봉인을 떼셨을 때, 나는 셋째 생물이 "너는 가라."고[6] 말하는 것을 들었다. 보라, 그리고 나는 검은 말과 자기[7] 손으로 저울을 들고 그것을 탄 이를 보았다.[8]

6 그리고 나는 네 생물 중에서 나는 듯한 목소리를 들었다. 밀 한 코이닉스는[9] 하루 품삯이며,[10] 보리 세 코이닉스는 하루 품삯이다. 그러나 너는 올리브유와 포도주를 해치지 마라.

7 어린양께서 넷째 봉인을 떼셨을 때, 나는 "너는 가라."고[11] 말하는 넷째 생물의 음성을 들었다.

---

5. 미래 능동태 직설법 3인칭 복수 σφάξουσιν(스팍수신, '그들이 죽일 것이다') 대신, 다수사본은 ἵνα(히나) 다음에 자연스럽게 오는 가정법 동사 σφάξωσιν(스팍소신)를 사용한다. 하지만 요한은 ἵνα(히나) 다음에 의미를 강화하기 위해 미래 동사를 자주 사용한다.

6. 1절처럼 ℵ과 다수사본은 '너는 가라(ἔρχου)' 대신에 '너는 와서 보라(Ἔρχου καὶ ἴδε)'라고 표기하는데, 이런 이중 명령형 동사는 요한계시록 6장의 문맥에서는 어색하다.

7. 개역개정은 αὐτοῦ(아우투, '자기')를 번역하지 않는다.

8. 다수사본은 '그리고 내가 보았다(καὶ εἶδον[카이 에이돈])'를 생략하지만, 사본상 이에 대한 지지는 약하다.

9. 개역개정의 '되'는 유대 사회와 그레코-로마 제국에서 볼 수 없는 한국식 도량형이므로, '코이닉스(χοῖνιξ)'라고 음역한다. 부피는 약 1리터이다.

10. 복음서(예. 마18:28)를 알고 있는 현대 독자는 δηνάριον(데나리온)에 익숙하겠지만, 그보다 '하루 품삯'이란 의미가 더 확실하다.

11. 위의 노트 6을 참고하라.

8 보라, 그리고 나는 연한 녹색[12] 말과 그것 위에 탄 이를 보았다. 그의 이름은 죽음인데, 하데스가[13] 그의 뒤를 따르고 있었다. 또 죽음과 하데스에게[14] 칼과 굶주림과 사망과 땅의 짐승들로 땅의 사분의 일을 죽일 권세가 주어졌다.

9 어린양께서 다섯째 봉인을 떼셨을 때, 나는 하나님의 말씀과 그들이 가진 증언 때문에[15] 죽임을 당한 이들의[16] 영혼들이 제단 아래에 있는 것을 보았다.

10 그런데 그들이 큰 소리로 부르짖었다. "거룩하고 참되신 전능한 주님이시여,[17] 언제까지 땅 위에 사는 자들을 심판하시지 않고 우리의

---

12. χλωρός(클로로스)는 '청황색'보다 '연한 녹색(pale green)'으로 번역하는 것이 이해하기에 더 쉽다.

13. ᾅδης(하데스)는 죽은 자(성도와 불신자)의 영혼이 가는 곳을 가리키는데, 개역개정과 바른성경의 '음부'는 응달진 곳을 가리키는 어려운 단어이다. 따라서 '하데스' 그대로 음역하는 것이 좋다.

14. 개역개정과 바른성경처럼 '그들에게(αὐτοῖς[아우토이스])'라고 직역하면, 연한 녹색 말과 그 말을 탄 이를 가리키는지, 아니면 비일(Beale)이 주장하듯이, 요한계시록 6장 2~8절의 네 말을 모두 가리키는지 모호하다(Beale, 2016: 643).

15. 전치사 διὰ(디아) 다음의 대격 명사는 개역개정처럼 '말미암아'라기보다 '때문에'라고 번역하는 것이 좋다.

16. 개역개정처럼 '죽임을 당한 영혼들이'라고 번역하면, 영혼이 죽임을 당하거나 소멸되는 것처럼 오해를 불러일으킬 수 있다.

17. δεσπότης(데스포테스)는 개역개정과 바른성경처럼 '대 주재'로 번역이 가능하지만, 이는 어려운 한자식 표현이다. 이 명사는 κύριος(퀴리오스)보다 의미가 강하기에, '전능하신 주님(the Almighty Lord)'으로 번역할 수 있다.

피를 신원하시지[18] 않습니까?"

11 그러자 그들 각 사람에게 희고 긴 겉옷이[19] 주어졌다. 그리고 그들에게 자신들처럼 죽임을 당할 그들의 동료 종들과 그들의[20] 형제들의 (수가) 찰 때까지 잠시 더 쉬라는 말씀이 주어졌다.[21]

12 또 나는 어린양께서 여섯째 봉인을 떼셨을 때, 큰 지진이 발생했고, 해가 털로 짠 상복처럼[22] 검게 되었고, 달은 온통 피와 같이 된 것을 보았다.

13 그리고 나는 하늘의 별들이 무화과나무가 태풍에 흔들려 나무의 설익은 열매들이[23] 떨어지는 것처럼 땅에 떨어진 것을 (보았다).

14 또 (나는) 하늘이 두루마리가 말리듯이 사라져 버렸고,[24] 모든 산과 섬

---

18. ἐκδικεῖς(에크디케이스)는 '신원(伸冤)하다(to vindicate)', 곧 원통함을 푼다는 의미이다.

19. στολὴ(스톨레)는 긴 겉옷을 가리킨다(참고. *BDAG*, 946).

20. 11절에서 요한은 대명사 αὐτῶν(아우톤)을 두 번 사용한다.

21. 11절에서 신적 수동태 동사는 ἐδόθη(에도쎄, 'was given')와 ἐρρέθη(에레쎄, 'was told')이다.

22. σάκκος τρίχινος(사코스 트리키노스)는 남성 단수 주격 명사 '상복'과 남성 단수 주격 형용사 '털로 짠(made of hair)'의 합성어이다.

23. 개역개정처럼 단수형으로 '설익은 열매'가 아니라, 남성 복수 대격 명사 '설익은 열매들(τοὺς ὀλύνθους[투스 올륀쑤스])'로 번역하는 것이 옳다. 열매 하나만 떨어진 것이 아니다.

24. 아오리스트 디포넌트 직설법 3인칭 단수 동사 ἀπεχωρίσθη(아페코리스쎄)는 '제 자리에서 제거되었다/사라져버렸다', '자기 갈 길을 갔다'(참고. 행15:39) 혹은 '분리되었다'라는 다양한 의미가 있다. 이 가운데 '사라져버렸다'는 바로 뒤의 τῶν τόπων αὐτῶν ἐκινήθησαν(톤 토폰 아우톤 에키네쎄산, '그들의 위

이[25] 제자리에서 옮겨진 것을 (보았다).

15 그러자 땅의 왕들과 귀족들과[26] 천부장들과[27] 부자들과 강한 자들과 모든 종과 자유인이 동굴들 안과[28] 산들의 바위틈 안에 숨어

16 산들과 바위들에게 말하였다. "너희는 우리 위에 떨어져, 보좌에 앉으신 분의 얼굴과 어린양의 진노로부터 우리를 숨겨라.[29]

17 왜냐하면 그분들의[30] 진노의 큰 날이 이르렀기에, 누가 능히 설 수 있겠는가?"

치로부터 옮겨졌다/사라졌다')와 잘 어울린다(참고. Louw와 Nida를 인용한 Matthewson, 2016: 92).

25. 바른성경은 '산'은 단수형으로, '섬들'은 복수형으로 일관성 없이 번역한다.

26. μεγιστᾶνες(메기스타네스)는 왕족(막6:21)을 포함한 귀족들을 가리킨다.

27. χιλίαρχοι(킬리아르코이)를 직역하면, '천부장들'이다. 개역개정에서 '장군들'로 번역한 것은 의역이다.

28. 전치사구 εἰς τὰ σπήλαια(에이스 타 스펠라이아)는 '그 동굴들 안으로'이다. 이 전치사구를 개역개정은 '굴'이라고 마치 단수 명사처럼 번역한다.

29. κρύψατε(크립사테)는 '숨겨라'는 물론 '(보호를 위해서) 덮어라(cover)'도 가능하다(참고. 골3:3).

30. A와 다수사본은 '그들의(αὐτῶν)' 대신 '그의(αὐτοῦ)'라고 표기한다. 하지만 이는 16절의 보좌 위의 성부와 어린양을 가리키는 것이기 때문에 '그들의'로 번역해야 한다.

요한계시록 7장

1 이 일 후에, 나는 네 천사가 땅의 네 모퉁이에 서서, 땅의 네 바람을 붙잡아 땅에나 바다에나 각¹ 나무에 불지 못하게 하는 것을 보았다.

2 그리고 나는 다른 천사가 살아 계신 하나님의 도장을² 가지고 해 돋는 데서 올라와서 땅과 바다를 해칠 (권세를)³ 받은 네 천사에게 큰 소리로 외친 것을 보았다.

3 "우리가 우리 하나님의 종들의 이마에 도장을⁴ 찍을 때까지, 너희는⁵ 땅이나 바다나 나무들을 해하지 말라."⁶

4 그리고 나는 도장을 받은 이들의 수를 들었는데, 십사만 사천 명,⁷ 곧

---

1. 바른성경은 πᾶν(판, '각[every]')을 번역하지 않는다.
2. 여성 단수 대격 명사 σφραγῖδα(스프라기다)는 '인(印)'을 치는 반지(signet)'를 가리키는데, '도장'으로 번역하는 것이 이해하기에 쉽다.
3. 요한계시록 6장 8절의 ἐξουσία(엑수시아, '권세')가 7장 2절에서는 생략되었다.
4. 아오리스트 능동태 가정법 1인칭 복수 σφραγίσωμεν(스프라기소멘)은 '우리가 도장을 찍다'라는 뜻인데, 이것이 '인 치다'보다 의미가 더 쉬운 번역이다.
5. 개역개정이 번역하지 않는 2인칭 복수 주어 '너희는'은 땅의 네 모퉁이에 서 있는 네 천사(계7:1)를 가리킨다.
6. 현재 능동태 분사 남성 단수 주격 λέγων(레곤)을 개역개정은 '이르되'로, 바른 성경은 '말하기를'로 번역한다. 하지만 바로 앞의 2절의 주동사인 ἔκραξεν(에크락센, '외쳤다')에 '말하기를'이라는 의미가 포함되었으므로, 따로 번역할 필요는 없다.
7. '이스라엘 자손의 각 지파로부터 인침을 받은 이들(ἐσφραγισμένοι ἐκ πάσης

이스라엘 자손의 각 지파로부터 인침을 받은 이들이었다.

5 도장을 받은 이들은 유다[8] 지파에서[9] 만 이천 명이며, 르우벤 지파에서 만 이천 명이며, 갓 지파에서 만 이천 명이며,

6 아셀 지파에서 만 이천 명이며, 납달리 지파에서 만 이천 명이며, 므낫세 지파에서 만 이천 명이며,

7 시므온 지파에서 만 이천 명이며, 레위 지파에서 만 이천 명이며, 잇사갈 지파에서 만 이천 명이며,

8 스불론 지파에서 만 이천 명이며, 요셉 지파에서 만 이천 명이요, 베냐민 지파에서 도장을 받은 이들은 만 이천 명(이었다).

9 보라, 이 일들 후에 나는 모든 나라와 족속과 백성과 언어에서 나온 아무도 셀 수 없는 큰 무리를 보았다. 그들은 흰 긴 겉옷[10]을 입고 자기 두 손에[11] 야자나무[12] 가지들을 들고 보좌 앞과 어린양 앞에 서서,

---

φυλῆς υἱῶν Ἰσραήλ[에스프라기스메노이 에크 파세스 퓔레스 휘온 이스라엘])'보다 144,000명(ἑκατὸν[헥카톤, '100'] τεσσεράκοντα[테세라콘타, '40'] τέσσαρες[테사레스, '4'] χιλιάδες[킬리아데스, '×1,000'])이 먼저 언급된다.

8. 여기서 개역개정은 φυλῆς Ἰούδα(퓔레스 유다)를 '유다 지파'라고 번역하지만, 5장 5절에서는 '유대 지파'라고 일관성 없게 번역했다.

9. 전치사구 ἐκ φυλῆς(에크 퓔레스)는 '지파로부터', 곧 '지파에서'라는 뜻이다.

10. 여성 복수 대격 명사 στολὰς(스톨라스)는 '긴 겉옷들'을 가리킨다.

11. 전치사구 ἐν ταῖς χερσὶν(엔 타이스 케르신)은 '한 손으로'가 아니라 '두 손으로'를 가리킨다.

12. 남성 복수 주격 명사 φοίνικες(포이니케스)는 '종려나무 가지들'보다 '야자나무 가지들'로 번역하는 것이 이해하기에 더 쉽다.

10 큰 소리로 외친다.[13] "구원이 보좌 위에 앉으신 우리 하나님과 어린 양께 있습니다."

11 그러자 모든 천사가 보좌와 장로들과 네 생물 주위에 서 있었는데,[14] 보좌 앞에 엎드려 자신들의[15] 얼굴을 (땅에) 대고 하나님께 경배하였다.

12 그들은 "아멘, 찬송과 영광과 지혜와 감사와 존귀와 능력과 힘이 우리 하나님께 영원히 (있습니다). 아멘."이라고 말하였다.

13 그때 장로들 중에서 한 명이 내게 말하였다.[16] "그[17] 희고 긴 겉옷들을

---

13. κράζουσιν … λέγοντες(크라주신 … 레곤테스)를 개역개정은 '외쳐 이르되'라고 번역하지만, '말하다'라는 의미의 주동사 κράζουσιν(크라주신)과 힘께 등장하는 분사 λέγοντες(레곤테스, '말하다')는 번역할 필요가 없다. 따라서 주동사만 번역해도 충분하다.

14. 계시록에 유일하게 등장한 과거완료 능동태 직설법 3인칭 복수 동사 εἰστήκεισαν(헤이스테케이산)은 미완료 동사와 같이 쓰였다(Rogers Jr. and Rogers III, 1998: 629). 하지만 S. E. 포터(Porter)를 중심으로 하여 시제보다 시상(aspect)을 강조하는 이들은 과거완료가 대과거라는 시제를 가리키기보다, 보도자(reporter)가 멀리 떨어져서 후방 정보(backgroud information)를 제공하는 것이라고 본다(Matthewson, 2016: 100~101).

15. 개역개정은 αὐτῶν(아우톤, '자신들의')을 번역하지 않는다.

16. ἀπεκρίθη(아페크리쎄)는 직역하면, '그가 대답하였다'이다. 그런데 13절은 장로의 대답이 아니라 질문이다. 그리고 13절 앞에 질문이 등장하지 않기 때문에 13절에서 대답하는 것으로 보는 것은 어색하다. ἀπεκρίθη는 이전 장면에 대한 반응이나 결과를 설명하는 기능을 한다. 따라서 '대답하였다'보다는 '말하였다'라고 번역하는 것이 좋다. 참고로, 천주교 성경은 '물었습니다'라고 의역한다(Matthewson, 2016: 129).

17. 정관사 τὰς(타스)를 개역개정은 지시대명사 '이'로 번역한다.

입은 이들은 누구이며 어디에서 왔는가?"

14 그래서 내가 그에게 말하였다. "나의 주여, 주께서 아십니다." 그러자 그가 내게 말하였다. "이들은[18] 큰 환난을 통과해[19] 나오는 이들인데, 그들은 자신의 긴 겉옷을 어린양의 피로써 씻어 그것들을[20] 희게 하였다.

15 그러므로 그들은 하나님의 보좌 앞에 있고, 그분의 성전에서 낮과 밤으로 그분을 섬기며,[21] 보좌 위에 앉으신 분께서 그들 위에 장막을 치실 것이다.

16 그들은 다시는 주리지도 목마르지도 않을 것이며, 다시는[22] 해나 어

---

18. 남성 복수 주격 지시대명사 οὗτοί(후토이)를 개역개정은 '이는'이라고 모호하게 번역한다.

19. 전치사구 ἐκ τῆς θλίψεως(에크 테스 쓸립세오스)를 '그 환난으로부터'라고 의역하면 현대 독자에게 의미가 선명하게 전달된다.

20. στολὰς(스톨라스, '긴 겉옷들')를 가리키는 3인칭 대명사 여성 복수 대격 αὐτὰς(아우타스)를 개역개정은 번역하지 않는다.

21. 현재 능동태 직설법 3인칭 복수 동사 λατρεύουσιν(라트류우신)은, 뒤따르는 미래 동사 σκηνώσει(스케노세이)와 16~17절의 여러 미래적 현재 동사들을 참고하여, 미래적 현재 동사로 볼 수 있다. 하지만 15절은 단지 미래적 의미나 실재를 가리키지 않는다. 왜냐하면 144,000명은 이미 하나님의 보좌 앞에 있으며(참고. 15절의 현재 동사 εἰσιν[에이신]), 주님을 섬기는 성령의 전이기 때문이다(대조. Matthewson, 2016: 104).

22. 16절에 부사 ἔτι(에티, 'still, even')가 두 번 사용된다.

떤 뜨거운 것도 결코[23] 그들 위에 떨어지지 않을 것이다.[24]

17 왜냐하면 보좌 가운데 계신 어린양께서 목자처럼 그들을 돌보실 것이고,[25] 그들을 생명수 샘으로 인도하실 것이며, 하나님께서 그들의 두 눈에서 모든 눈물을 닦아주실[26] 것이기 때문이다.”

---

23. 이중 부정(οὐδὲ μὴ[우데 메])은 강한 부정을 가리키기에 '결코 ~ 않다'라고 번역하는 것이 좋다.

24. μὴ πέσῃ ἐπ’ αὐτούς(메 페세 에프 아우투스)를 직역하면, '그것이 그들 위에 떨어지지 않는다'이다.

25. ποιμανεῖ αὐτούς(포이마네이 아우투스)를 직역하면, '그분께서 그들을 치실(목양하실) 것이다'이다. ποιμανεῖ(포이마네이)는 미래 동사로서 '목양할 것이다'이지 명사 '목자'가 아니다.

26. 개역개정은 동일한 동사 ἐξαλείψει(엑살레입세이)를 여기서는 '씻어주실 것임이라'로 번역하는데 반해, 21장 4절에서는 '닦아 주시니'라고 의미와 시제를 달리하여 번역한다.

요한계시록 8장

1 그리고 어린양께서 일곱째 봉인을 떼셨을 때, 하늘은 반시간가량 조용했다.[1]

2 또 나는 하나님 앞에 서 있던 일곱 천사를 보았는데, 그들에게 일곱 나팔이 주어졌다.[2]

3 다른 천사가 금 향로를 들고 와서 그 제단 곁에[3] 섰는데, 그에게 많은 향이 주어졌다. 그 천사가 모든 성도의 기도와 함께[4] 보좌 앞에 있는 금 제단 위에 (많은 향을) 드리기 위해서이다.

---

1. 아오리스트 디포넌트 직설법 3인칭 단수 ἐγένετο(에게네토)와 여성 단수 주격 명사 σιγὴ(시게)는 '조용했다'라는 뜻이다. 그런데 개역개정은 '고요하리니'라고 미래 동사로 번역한다.

2. 개역개정은 신적 수동태 ἐδόθησαν(에도쎄산, 'was given')을 능동태 '받았다'라고 번역하고, 간접목적어 αὐτοῖς(아우토이스)는 번역하지 않는다.

3. ἐπὶ τοῦ θυσιαστηρίου(에피 투 쒸시아스테리우)는 '제단 곁에'(개역개정)인가, '제단 앞에'(바른성경)인가? '앞에'는 3절 후반부에 등장하는 전치사 ἐνώπιον(에노피온)으로 표기된다. '제단 가까이', 즉 '제단 곁에'라고 번역하면 무난하다 (Matthewson, 2016: 107).

4. ταῖς προσευχαῖς(타이스 프로슈카이스)를 '기도를 위하여'라고 번역하기도 한다(참고. Matthewson, 2016: 107).

4 그러자[5] 향연은 그 천사의[6] 손(에 있던 금 향로로)부터[7] 성도의 기도와 함께 하나님 앞으로 올라갔다.

5 그 뒤에 그 천사가 향로를 가져다가 제단의 불로 그것을 가득 채워 땅에 던졌다. 그러자 천둥들과[8] (요란한)[9] 소리들과 번개들과 지진이 일어났다.

6 그때 일곱 나팔을 가지고 있는 일곱 천사가 스스로[10] (일곱 나팔을) 불 준비를 했다.[11]

7 첫째 (천사)가 나팔을 불었다. 그러자 피가 섞여진 우박과 불이 생겨 땅 위에 떨어졌다. 그러자 땅의 삼분의 일이 타버렸고, 나무의 삼분의 일도 타버렸고, 푸른 풀은 다 타버렸다.[12]

---

5. 개역개정과 바른성경은 4~5절의 첫 단어인 접속사 $\kappa\alpha\grave{\iota}$(카이)를 번역하지 않는다.

6. 계시록에 많은 천사가 등장하므로, 정관사를 반영하여 '그 천사'라고 번역하면 구체적이고 정확하다.

7. 3절은 다른 천사가 금 향로를 손에 들고 있다고 언급한다. 따라서 의미를 분명히 하는 번역이 필요하다.

8. '지진'을 제외하고 '천둥들', '소리들', '번개들'은 모두 복수 명사이다.

9. '천둥들($\beta\rho o\nu\tau\alpha\grave{\iota}$[브론타이])' 다음에 나는 '소리들($\phi\omega\nu\alpha\grave{\iota}$[포나이])'은 요란했을 것이므로 적은 글씨로 첨가하면 의미가 분명하다.

10. 다수사본은 재귀적 의미를 가진 3인칭 남성 복수 대격 대명사 $\alpha\grave{u}\tau o\grave{u}\varsigma$(아우투스) 대신에 재귀대명사 남성 복수 대격 $\dot{\epsilon}\alpha u\tau o\grave{u}\varsigma$(헤아우투스, 'themselves')로 표기한다(Matthewson, 2016: 110).

11. 개역개정은 $\dot{\eta}\tau o\acute{\iota}\mu\alpha\sigma\alpha\nu$(헤토이마산)이라는 동사를 '준비하더라'고 현제시제로 번역하지만, 과거시제인 '준비하였다'로 번역하는 것이 옳다.

12. 푸른 풀의 삼분의 일이 아니라 전체가 타버렸다는 것은 불타버린 땅의 삼분의 일 위에서 자란 전체 푸른 풀이 타버렸음을 의미한다(Bratcher and Hatton,

8 그리고 둘째 천사가 나팔을 불었다. 그러자 불타는 큰 산과 같은 것이 바다 속으로[13] 던져졌는데, 바다의 삼분의 일은 피로 변했다.

9 그러자 바다 안에 생명을 가진 피조물들의 삼분의 일이 죽었고, 배들의 삼분의 일이 산산조각 났다.[14]

10 그리고 셋째 천사가 나팔을 불었다. 그러자 횃불처럼 타는 큰 별이 하늘에서 떨어져, 강들의 삼분의 일과 샘물들을 덮쳤다.[15]

11 그 별의[16] 이름은 쑥이라 불린다.[17] 그리고 물들의 삼분의 일이 쑥이 되었고, 많은 사람들이 쓰게 된 물 때문에 죽었다.

12 그리고 넷째 천사가 나팔을 불었다. 그러자 해의 삼분의 일과 달의 삼분의 일과 별들의 삼분의 일이 타격을 받았다. 그 결과 그것들의[18] 삼분의 일이 어두워졌고, 낮의 삼분의 일도 어두워졌으며[19] 밤도 마찬

1993: 137).

13. 전치사구 εἰς τὴν θάλασσαν(에이스 텐 쌀라산)은 '바다 속으로'라는 뜻이다(참고. 'into the sea'; NIV, ESV, KJV).

14. 아오리스트 직설법 수동태 3인칭 복수 동사 διεφθάρησαν(디에프싸레산)은 '완전히 파괴되었다'라는 의미이다(참고. 계11:18).

15. 10절에 ἔπεσεν(에페센)이 두 번 등장한다. 이 중 두 번째 경우는 '덮쳤다'라고 번역하면 심판을 생생하게 이해할 수 있다.

16. τοῦ ἀστέρος(투 아스테로스)는 개역개정처럼 '이 별'로 번역할 게 아니라 '그 별의'로 번역해야 한다.

17. λέγεται(레게타이)를 직역하면, 개역개정처럼 '이다'가 아니라 '말해지다(is said)' 혹은 '불리다(is called)'이다.

18. 3인칭 남성 복수 속격 대명사 αὐτῶν(아우톤, 'their')은 해와 달과 별들을 가리킨다. 개역개정은 '그'라고 매우 모호하게 번역한다.

19. 부정어를 동반한 아오리스트 능동태 3인칭 단수 가정법 μὴ φάνῃ(메 파네, '비

가지였다.

13 또 나는 공중을 날아다니던 독수리 한 마리를[20] 보았고, (그것이) 큰 소리로 외치는 것을 들었다. "땅에 사는 자들에게 화, 화, 화로다. 왜냐하면 세 천사가 불 나머지 나팔 소리가 있기 때문이다."

취지 않다')는 '어두워졌다'라고 의역하면 의미가 더 분명해진다. NIV처럼 'was without light'도 가능한 번역이다.

20. 개역개정은 ἑνός(헤노스, '한 마리')를 번역하지 않는다.

요한계시록 9장

1 그리고 다섯째 천사가 나팔을 불었다. 그러자 나는 하늘에서 땅에 떨어진 한 별을 보았는데, 무저갱의 열쇠가 그 별에게 주어졌다.[1]

2 그러자 그가 무저갱을 열었는데, 무저갱에서[2] 큰 용광로의 연기와 같은 연기가 올라왔다. 그러자 해와 공기가 무저갱의 연기로 어두워졌다.

3 그리고 그 연기로부터 메뚜기들이[3] 땅으로 나왔는데, 땅의 전갈들이[4] 가지고 있는 권세와 같은 권세가 메뚜기들에게 주어졌다.

4 메뚜기들에게 땅의 풀이나 모든 푸른 것이나 모든 나무는 해하지 말고, 이마에 하나님의 도장을 받지 않은 자들만 해하라는 명령이 주

---

1. 개역개정처럼 능동태 동사 '받았다'로 번역하기보다, 요한이 선호하는 신적 수동태 동사 ἐδόθη(에도쎄, '주어졌다')를 잘 반영해 번역하는 것이 좋다.

2. 무저갱(無底坑)으로 번역된 τὸ φρέαρ τῆς ἀβύσσου(토 프레아르 테스 아뷔수)는 바닥이 없는 깊은 구덩이를 가리킨다. φρέαρ(프레아르)는 '갱도(shaft)' 혹은 '우물(well)'을 가리키고, ἄβυσσος(아뷔소스)는 '바닥이 없는 심연(bottomless pit)'을 가리킨다. 따라서 이 두 명사는 동의어로 볼 수 있기에, 2절에서 φρέαρ(프레아르)만 등장해도 '무저갱'으로 번역하는 것은 자연스럽다.

3. 개역개정은 단수형인 '황충이'라고 번역하는데, 이는 여성 주격 복수형인 ἀκρίδες(아크리데스)를 반영해 보다 쉬운 표현인 '메뚜기들'로 번역하는 것이 더 적절하다.

4. '전갈들은(οἱ σκορπίοι[호이 스코르피오이])'은 복수형이다.

어졌다.

5 그러나 메뚜기들에게 그들을 죽이지 말고 다섯 달 동안 괴롭히는 것만 허락되었다. 메뚜기들이[5] 가하는 고통은 사람이 전갈에게 쏘일 때와[6] 같은 고통이었다.

6 그 기간에 사람들이 죽음을 찾을 것이지만 결코[7] 죽음을 찾지 못할 것이다.[8] 그리고 사람들이 죽고 싶어 하지만 죽음이 그들을 피해 달아날 것이다.[9]

7 메뚜기들의 모양은 전쟁을 위해서 준비된[10] 말들 같고, 메뚜기들의[11] 머

---

5. 3인칭 여성 복수 속격 대명사 αὐτῶν(아우톤)은 3절의 메뚜기들을 가리킨다. 개역개정과 바른성경은 '그'라고 매우 불분명하게 번역하는데, 이 대명사의 의미는 의역을 통해서 분명히 할 필요가 있다(참고. Matthewson, 2016: 119).

6. 아오리스트 능동태 가정법 3인칭 단수 동사 παίσῃ(파이세)는 천주교 성경처럼 '쏘였을 때'라고 과거형으로 번역할 필요가 없다. 오히려 이는 일반적인 의미에서 '쏘일 때' 혹은 '쏘일 때마다'를 가리킨다(Matthewson, 2016: 119).

7. 강한 부정을 가리키는 이중 부정어(οὐ μὴ)는 '결코 ~ 않다'라는 의미이다.

8. εὑρήσουσιν αὐτόν(휴레수신 아우톤)을 직역하면, '그들(죽고 싶은 자들)이 그것(죽음)을 발견할 것이다'라는 뜻이다.

9. 미래 동사들이 사용된 맥락에서 독자들의 주의를 끄는 미래적 현재 동사 φεύγει(퓨게이)는 '달아나다(to flee)' 혹은 '도망치다'라는 강한 뜻을 지닌다. 다수사본은 미래 중간태 직설법 3인칭 단수 동사인 φεύξεται(퓨세타이)로 표기한다.

10. ἡτοιμασμένοις(헤토이마스메노이스)는 수동태 분사이므로, 개역개정처럼 '준비한'이 아니라 '준비된'으로 번역하는 것이 옳다. 말들은 전쟁을 위해 스스로 준비할 수 없다.

11. 3인칭 여성 복수 속격 대명사 αὐτῶν(아우톤)은 '말들'이 아니라 '메뚜기들'을 가리킨다. 개역개정은 '그'라고 매우 불분명하게 번역한다.

리에 금관 같은 것이 (있고), 메뚜기들의 얼굴은 사람들의 얼굴과 같았다.

8 그리고 메뚜기들의 머리털은 여자의 머리털과 같았고, 그들의 이빨은 사자 이빨 같았다.

9 또 메뚜기들은 철제 호심경 같은 호심경을 가지고 있었고, 그것들의 날개소리는 전쟁터로 달려가는 많은 말들이 끄는 전차들과 같았다.[12]

10 그리고 메뚜기들은 전갈 같은 꼬리들에[13] 침을[14] 가지고 있었는데,[15] 그들의 꼬리에 사람들을 다섯 달 동안 해할 권세가 있었다.

11 메뚜기들을 다스리는[16] 왕은 무저갱의 사자인데, 그의 이름은 히브리

---

12. ἁρμάτων ἵππων πολλῶν(하르마톤 히폰 폴론)은 '많은 말이 끄는 전차들 (chariots drawn by many horses 혹은 many horse-drawn chariots)'이라는 뜻이다(Bratcher and Hatton, 1993: 148; Matthewson, 2016: 121).

13. οὐρὰς … καὶ(우라스 … 카이)를 직역하면, '꼬리들과'이다. 그런데 전갈은 꼬리에 독침이 있기 때문에 '꼬리들에'라고 번역하는 것이 자연스럽다.

14. 중성 복수 명사 κέντρα(켄트라)는 '뾰족한 막대기(sharp goad)'나 '쏘는 침 (sting)'을 가리킨다.

15. 10~11절의 현재 능동태 직설법 3인칭 복수 동사 ἔχουσιν(에쿠신)은 역사적 현재(historical present) 혹은 내러티브 현재(narrative present) 동사이다. 요한이 내러티브를 전개할 때 활용하는 현재 동사이다(Matthewson, 2016: 121~22).

16. 전치사구 ἐπ᾽ αὐτῶν(에프 아우톤)은 '그들 위에'인데, 의역하면 '그들(메뚜기들)을 다스리는'이 된다.

어로는 아바돈이며, 헬라어로는 이름이[17] 아폴리온이다.[18]

12 첫째 화는 지나갔다. 보라, 이후에[19] 두 화가 더 닥칠 것이다.

13 그리고 여섯째 천사가 나팔을 불었다. 그때 나는 하나님 앞에 있는 금 제단의 네 (모퉁이에 달린) 뿔에서[20] 나오는 한 음성을 들었다.

14 그 음성이 나팔을 가진 여섯째 천사에게 말하였다. "너는 큰 강 유프라테스에 결박된[21] 네 천사를 풀어 주라."

---

17. ὄνομα(오노마, 중성 단수 대격 명사) ἔχει(에케이)는 '그(메뚜기 떼의 왕)가 이름을 가지고 있다'라는 뜻이다. 그런데 그의 이름을 설명하는 Ἀπολλύων(아폴뤼온)은 대격이 아니라 주격이다. 고유 명사인 이름은 격의 변화 없이 주격으로 남아 있는 경우가 흔하다(Matthewson, 2016: 122).

18. 메뚜기 떼의 왕 이름을 정확하게 음역하면, '아바돈(Ἀβαδδών)'과 '아폴뤼온(Ἀπολλύων)'이다.

19. 전치사구 μετὰ ταῦτα(메타 타우타)를 직역하면, '이것들 후에'이지만, 요한계시록 9장 1~11절까지 첫째 화, 곧 다섯째 나팔 심판만 지났으므로 '이후에'가 적절하다. 참고로, '이것들을'을 메뚜기들로 보는 경우는 Matthewson, 2016: 123을 보라.

20. 중성 복수 속격 기수(cardinal number) τεσσάρων(테사론)을 포함하는 대문자 사본은 없다. 그래서 GNT는 [   ](꺽쇠 괄호)로 처리한다. NIV는 이 기수를 번역에서 제외한다. 네 뿔은 향단의 모퉁이에 달려 있기 때문에, 설명 차원에서 의역이 필요하다.

21. δεδεμένους(데데메누스)는 현재 완료 수동태 남성 복수 대격 분사이다. 따라서 개역개정처럼 '결박한'이라는 능동태로 번역할 것이 아니라, '결박된'이라는 수동태로 번역하는 것이 옳다.

15 그러자[22] 그 년 월 일 시에[23] 사람들 중에서 삼분의 일을 죽이기 위하여 준비되어온 네 천사가 놓였다.

16 그 마병들의[24] 수는 이억이나[25] (되었는데), 나는 그들의 수를 들었다.

17 나는 이러한[26] 환상 가운데 말들과 그것들 위에 탄 자들을 보았다. 그 말들은[27] 불빛과 자주빛과[28] 유황빛 호심경을 입고, 그 말들의 머리는 사자의 머리 같고, 그 말들의 입에서 불과 연기와 유황이 나오

---

22. '그러자'는 15절 문두의 접속사 *καὶ*(카이)를 번역한 것이다.

23. '그 년 월 일 시'는 '그 시와 날과 달과 해(*τὴν ὥραν καὶ ἡμέραν καὶ μῆνα καὶ ἐνιαυτόν*)'의 순서를 한국식으로 바꾼 의역이다.

24. *τῶν στρατευμάτων τοῦ ἱππικοῦ*(톤 스트라튜마톤 투 히피쿠)를 직역하면, '기병(騎兵)들'인데, '말 탄(騎, *ἱππικοῦ*[히피쿠]) 군사들(兵, *στρατευμάτων* [스트라튜마톤])'을 가리킨다. 하지만 '기병들'보다 '마병들'로 번역하는 것이 이해하기에 더 쉽다.

25. 여성 복수 주격 명사 *δισμυριάδες*(디스뮈리아데스)는 '20,000(twice ten thousand times)'을 의미하고(비교. 다수사본의 *μυριάδες*[뮈리아데스]), 여성 복수 속격 명사 *μυριάδων*(뮈리아돈)은 '10,000(ten thousand)'을 가리킨다. 이 둘을 곱하면 2억이 된다. 요한계시록 7장의 '십사만 사천'과 '만 이천'처럼 '이억'으로 번역하면 일관성이 있다.

26. '이러한'은 부사 *οὕτως*(후토스, 'thus, in this way')와 정관사 *τῇ*(테, 'the')를 합쳐서 번역한 것이다.

27. *ἔχοντας*(에콘타스)의 주어는 '마병들'이 아니라 '말들'인데, 이는 곧바로 '말들'에 대한 설명이 뒤따르기 때문이다(Matthewson, 2016: 126).

28. 남성 복수 대격 형용사 *ὑακινθίνους*(휘아킨씨누스, 'hyacinth-colored')는 '자주빛'은 물론, NIV처럼 '짙은 파란색(dark blue)'으로도 번역이 가능하다. 이와 유사하게 천주교 성경은 '파란색'으로, RSV와 ESV는 '사파이어색(color of sapphire)'으로 번역한다(참고. Bratcher and Hatton, 1993: 152).

고 있었다.

18 이 세 재앙, 곧[29] 말들의[30] 입에서 나오는 불과 연기와 유황으로 사람들 중 삼분의 일이 죽임을 당하였다.

19 그 말들의[31] 권세는 그것들의 입과 꼬리에 있는데, 그것들의 꼬리는 뱀 같고 머리가 달려 있어 그 머리로써[32] 해하고 있었다.

20 이 재앙들로 인해[33] 죽임을 당하지 않고 남은 자들은 자신들의 손으로 행한 일들을 회개하지 않았다. 그들은 악령들과[34] 보지도 듣지도 걷지도 못하는 금, 은, 동, 돌, 나무로[35] 만든 우상들을 경배하면

---

29. 전치사 ἀπό(아포)와 전치사 ἐκ(에크)는 의미에 있어 유사하지만, 후자가 더 세밀한 출처를 가리킨다(Matthewson, 2016: 127).

30. 남성 복수 속격 대명사 αὐτῶν(아우톤)은 '그들의'로 번역되는데, 이는 말들을 가리킨다.

31. τῶν ἵππων(톤 히폰)은 '그 말들의'라고 해야지, 개역개정처럼 '이 말들의'가 아니다.

32. 전치사구 ἐν αὐταῖς(엔 아우타이스)에서 여성 복수 여격 대명사는 바로 앞의 '머리들(κεφαλὰς[케팔라스])'을 가리킨다(참고. 천주교 성경의 '그 머리로'). 따라서 개역개정처럼 '이것으로'라고 의미를 분명하지 않게 번역해서는 안 된다.

33. ἐν ταῖς πληγαῖς ταύταις(엔 타이스 플레가이스 타우타이스)는 '이 재앙들로 인해'이지, 개역개정처럼 '이 재앙에'가 아니다.

34. τὰ δαιμόνια(타 다이모니아)는 '악령들'을 가리킨다. 개역개정은 '여러 귀신'으로 번역하는데, '귀신'은 죽은 사람의 영혼을 가리킨다. 하지만 회개를 거부한 자들은 죽은 자의 영혼들이 아니라 악령들을 숭배했던 것이다.

35. τὰ λίθινα καὶ τὰ ξύλινα(타 리씨나 카이 타 크쉴리나)는 '그 돌들과 나무들'이다. 따라서 개역개정의 '목석'은 순서를 바꿔 번역한 것이다.

안 되었다.[36]

21 그러나 그들은 자신의[37] 살인과 자신의 점술과 자신의 음행과 자신의 도둑질을 회개하지 않았다.

---

36. $\mu\grave{\eta}$ $\pi\rho\sigma\sigma\kappa\upsilon\nu\acute{\eta}\sigma\sigma\upsilon\sigma\iota\nu$(메 프로스퀴네수신)을 KJV는 '그들은 경배하면 안 된다 (They should not worship)'라고 번역한다. 그러나 다수의 영역본은 '그들은 경배하는 것을 멈추지 않았다(They did not stop worshipping; NIV, TEV)'라고 의역한다.

37. $\tau\tilde{\omega}\nu$ $\phi\acute{\sigma}\nu\omega\nu$ $\alpha\grave{\upsilon}\tau\tilde{\omega}\nu$(톤 포논 아우톤)을 개역개정은 '그 살인과'라고 번역함으로써, 21절에서 무려 네 번이나 반복되는 $\alpha\grave{\upsilon}\tau\tilde{\omega}\nu$(아우톤)을 한 번도 번역하지 않는다. 그러나 NIV, RSV, ESV, KJV 등은 네 번 모두 번역한다.

요한계시록 10장

1 또 나는 힘센 다른 천사가 구름을 입고 하늘에서 내려오는 것을 보았다. 그의 머리 위에 무지개가 (있었고), 그의 얼굴은 해와 같았고, 그의 두 발은 불기둥 같았다.

2 그리고 그의 손에 펼쳐진 두루마리가[1] 있었다. 그의 오른발은 바다를 밟았고,[2] 왼발은 땅을 밟았다.

3 또 그는 사자가 포효하듯이 큰 소리로 외쳤다. 그가 외쳤을 때, 일곱 천둥은 저마다[3] 소리를 내었다.

4 그렇게 일곱 천둥이 말했을 때, 내가 (천둥소리들을) 기록하려다 하늘에서 나는 음성을 들었다. "너는 일곱 천둥이 말한 것들을 봉인해 두고

---

1. βιβλαρίδιον(비블라리디온)은 이중 지소어(double diminutive)이지만, 바른성경의 '작은 책', 개역개정의 '작은 두루마리'처럼 번역할 필요는 없다. 왜냐하면 10장 8절의 βιβλίον(비블리온)은 βιβλαρίδιον과 동일한 두루마리이기 때문이다. βιβλίον을 바른성경은 '작은 책', 개역개정은 '작은 두루마리'라고 번역하지 않는다(Matthewson, 2016: 131; 대조. Bratcher and Hatton, 1993: 157).

2. Matthewson은 '밟았지만'으로 번역하는데, 동사 ἔθηκεν(에쎄켄)과 반의 접속사 δέ(데, '그러나')를 반영한 것이다(Matthewson, 2016: 132). 하지만 개역개정, 바른성경, 아프리칸스 성경과 영역본(NIV, ESV, RSV, KJV, TEV)은 이 접속사를 '그리고'라고 번역한다. 힘 센 천사가 바다와 땅을 각각 밟고 있는 것은 대조되는 장면이 아니다.

3. 3인칭 재귀대명사 여성 복수 속격 ἑαυτῶν(헤아우톤)은 '저마다'로 번역된다. 바른성경과 개역개정은 이 대명사를 번역하지 않는다.

그것들을[4] 기록하지 말라."

5 그러자 내가 본 바다와 땅 위에 서 있던 그 천사가 하늘을 향하여 자기[5] 오른손을 들어

6 영원히 살아 계신 분, 곧 하늘과 그 안에 있는 것들과[6] 땅과 그 안에 있는 것들과 바다와 그 안에 있는 것들을 창조하신 분을 두고 맹세하였다. "시간이 얼마 남아 있지 않다."[7]

7 따라서 일곱째 천사가 불려던 나팔소리가 울리는 날에, 하나님께서 자기 종들,[8] 곧 선지자들에게 알리신 것처럼 하나님의 그 비밀이 성취될 것이다.

8 그리고 내가 들었던 하늘에서 나온 그 음성이 다시 내게 말하였다. "너는 가서 바다와 땅을[9] 밟고 서 있는 그 천사의 손에 펼쳐져 있는

---

4. αὐτὰ(아우타)는 3인칭 중성 복수 대격 대명사인데, '그것들을'로 번역하면 된다.

5. '자기'는 αὐτοῦ(아우투)를 번역한 것이다.

6. 중성 복수 대격 정관사 τὰ(타)는 '것들'이라 번역하면 자연스럽다. 개역개정은 '물건'이라고 번역하는데, 이는 하늘의 새와 육지의 동식물 그리고 바다의 물고기를 '물건'으로 취급하기에 어색하다.

7. χρόνος οὐκέτι ἔσται(크로노스 우케티 에스타이)를 직역하면, '시간은 더 이상 없다(time will be no longer)'가 된다. 시간이 얼마 남지 않은 것을 개역개정은 '지체하지 아니하리니(no more delay)'라고 의역한다. 그러나 의미상 명사 χρόνος(크로노스)는 '지체(delay)'를 가리키지 않는다(Matthewson, 2016: 134).

8. 남성 복수 명사 '종들(δούλους[둘루스])'과 '선지자들(προφήτας[프로페타스])'은 동격이다.

9. ἐπὶ τῆς θαλάσσης καὶ ἐπὶ τῆς γῆς(에피 테스 쌀라세스 카이 에피 테스 게스)를 바른성경은 '땅과 바다를'이라고 어순을 바꾸어 번역한다.

그 두루마리를 받아라.”

9 그래서 나는 그 천사에게 가서 그 두루마리를 내게 달라고 말하였다.
그러자 그 천사는 내게 말한다.[10] “너는 그것을[11] 가져다 삼켜라.[12] 그
러면 그것이 너의 배에는 쓰겠지만, 너의 입에는 꿀처럼 달 것이다.”

10 그래서[13] 나는 그 천사의 손에서 그 두루마리를 받아 그것을 삼켰다.
내 입에는 꿀처럼 달았지만, 내가 그것을 먹고 나니,[14] 내 배에서는
쓰게 되었다.[15]

11 그때 그들은[16] 내게 말한다. “너는 반드시[17] 많은 백성들과 나라들과

---

10. 천사의 말에 주의를 집중하기 위하여 의도적으로 동사의 현재 시제가 사용되었
   다(Mathewson, 2016: 137).

11. 3인칭 중성 단수 대격 명사 αὐτό(아우토)는 ‘그것을’로 번역한다.

12. 전치사를 포함한 합성 동사 κατάφαγε(카타파게)는 ‘완전히 먹어라’, 즉 ‘삼켜
   라’는 강한 의미이다. 더욱이 이 동사는 확실한 행위를 강조하는 아오리스트 명
   령형으로 되어 있다.

13. 내러티브 전개에서 요한이 매우 빈번히 사용한 접속사 Καὶ(카이)를 적절히 번
   역하는 것이 중요하다. 개역개정은 이 접속사를 번역에 거의 반영하지 않는다.

14. 아오리스트 능동태 직설법 1인칭 단수 ἔφαγον(에파곤)은 ‘내가 먹었다’인데,
   10절의 아오리스트 능동태 직설법 1인칭 단수 κατέφαγον(카테파곤)과 모양
   이 다른 동사이다.

15. ἐπικράνθη(에피크란쎄, ‘became embittered’)는 아오리스트 ‘수동태’ 직설법
   3인칭 단수형이다.

16. 현재 능동태 직설법 3인칭 복수 λέγουσίν(레구신)의 주어는 ‘그’(개역개정)
   가 아니라 ‘그들’이다. 여기서 그들은 성부와 어린양을 가리킨다(참고. 송영목,
   2012: 981~1013).

17. 개역개정이 정확히 번역하지 않은 현재 능동태 직설법 3인칭 단수 동사 δεῖ(데

언어들과 왕들에게 다시 예언해야 한다."

이)는 '반드시 해야 한다'라는 뜻이다. 더욱이 이 동사는 둘째 문장의 문두에 위치하여 의미가 강조된다.

요한계시록 11장

1 그리고 나에게 지팡이 같은 갈대가 주어졌는데, 누군가[1] "일어나 하나님의 성전과 그 제단과 그 성전 안에서[2] 예배하는 이들을 측량하라."고 말하였다.

2 그러나 너는 성전 바깥마당을 내버려 두고 측량하지 말라.[3] 왜냐하면 이방인들에게 (바깥마당이) 주어질 것이기 때문이다.[4] 그들이 그 거룩한 성을 마흔 두 달 동안 짓밟을 것이다.

---

1. 현재 능동태 남성 단수 주격 분사 λέγων(레곤)의 주어가 하나님이신지, 아니면 천사인지 알 수 없다. 따라서 '누군가'라고 번역하는 것이 무난하다(Bratcher and Hatton, 1993: 163).

2. 전치사구 ἐν αὐτῷ(엔 아우토)는 '제단 안에서'가 아니라 '성전 안에서'를 가리킨다(Matthewson, 2016: 140).

3. 독자의 이해를 돕기 위해서 '측량하지 말고 그냥 두라'고 번역한 개역개정과 달리, ἔκβαλε ἔξωθεν καὶ μὴ μετρήσῃς(에크발레 엑소쎈 카이 메 메트레세스)는 '내버려 두라 그리고 측량하지 말라'고 번역해야 한다. 내버려 두고 측량하지 않는 것은 의미의 반복이다.

4. 계시록의 신적수동태는 하나님의 주권을 강조하기에, '하나님'이라는 주어가 생략된 경우 수동태 동사의 뉘앙스를 살릴 필요가 있다. 아오리스트 수동태 직설법 3인칭 단수 ἐδόθη(에도쎄, 'was given')는 미래적 의미의 예견적 아오리스트 시상이다. 그래서 바로 뒤에 미래 동사 πατήσουσιν(파테수신, '그들이 짓밟을 것이다')이 사용된다(Matthewson, 2016: 141).

3 나는 나의 두 증인에게 (권세를)[5] 줄 것인데, 그들은 천 이백 육십 일 동안 굵은 베옷을 입고 예언할 것이다.

4 이들은[6] 그 땅의[7] 주님 앞에 서 있는 두 올리브나무이며 두 촛대이다.

5 만일 누가 그들을 해하려 하면, 그들의 입에서 불이 나와서 그들의 원수들을 삼켜 버릴 것이다. 그리고 누가 그들을 해하려 하면,[8] 그는[9] 반드시 이와 같이 죽임을 당할 것이다.

6 두 증인은[10] 권세를 가지고 하늘을 닫아 그들이 예언하는 동안 비가 오지 못하게 하고, 그들은 물을 다스리는 권세로써[11] 물을 피로 변하게 하고, 원할 때마다 각종 재앙으로써[12] 그 땅을 칠 수 있다.

---

5. 동사 δώσω(도소)의 생략된 직접목적어는, 6절의 '권세(τὴν ἐξουσίαν[텐 엑수시안])'를 참고해 볼 때, '권세'가 적절하다.

6. 지시대명사 οὗτοί(후토이)는 '그들'(개역개정, 바른성경)이 아니라 '이들'이다.

7. τῆς γῆς(테스 게스)는 '이 땅의'(개역개정, 바른성경)가 아니라 '그 땅의'이다.

8. GNT 5는 종속접속사 εἰ(에이, '만약') 다음에 직설법 동사 대신에 의도적으로 가정법 동사인 θελήσῃ(쎌레세)를 사용한다. 그러나 다수사본은 현재 능동태 직설법 3인칭 단수 θέλει(쎌레이)를 사용하여, 어려운 표기인 θελήσῃ를 보다 쉽게 수정한다(Matthewson, 2016: 144).

9. αὐτὸν(아우톤)은 부정사 ἀποκτανθῆναι(아포크탄쎄나이)의 주어이다.

10. 요한계시록 11장에는 '그들'과 같은 인칭대명사가 계속 등장하기 때문에, 그들이 누구인지 번역을 통해 분명하게 짚어줄 필요가 있다. 이런 취지로 '이들은 (οὗτοι[후토이])'을 '두 증인은'이라고 번역했다.

11. ἐξουσίαν ἔχουσιν ἐπὶ τῶν ὑδάτων(엑수시안 에쿠신 에피 톤 휘다톤)을 직역하면, '그들은 물들 위에 권세를 가지고 있다(they have authority over the waters)', 즉 '그들은 물을 다스리는 권세를 가지고 있다'가 된다.

12. 전치사구 ἐν πάσῃ πληγῇ(엔 파세 플레게)는 '각종 재앙으로써(with every

7 그러나 두 증인이 자신의[13] 증언을 마치면, 무저갱에서 올라오는 짐승이 그들과 전쟁을 벌여[14] 그들을 이기고, 그들을 죽일 것이다.

8 그리고 그들의 시체는 큰 성의 길 위에 (버려질 것이다).[15] 그 성은 영적으로 소돔과[16] 이집트라고 불리며, 그곳에서 그들의 주님도[17] 십자가에 못 박히셨다.

9 백성들과 족속들과[18] 언어들과 나라들에 속한 자들이 사흘 반 동안 두 증인의 시체를 지켜보면서,[19] 그들의 시체를 무덤에 묻히도록 허락하지 않을 것이다.

10 그러자 땅 위에 사는 자들은 그들 때문에[20] 즐거워하고 서로에게 선

---

kind of plague, ESV)'라는 뜻이다.

13. '자신의'는 αὐτῶν(아우톤)을 번역한 것이다. 개역개정은 '그'라고 정관사처럼 모호하게 번역한다.

14. ποιήσει(포이에세이) … πόλεμον(폴레몬)은 '그가 전쟁을 벌일 것이다'라는 뜻이다.

15. 8절의 첫 문장에 동사가 생략되었기에, 문맥에 적절한 동사를 삽입해야 한다.

16. 두 증인이 죽임을 당한 도시가 이중 이름으로 불린다는 오해를 방지하려고 '소돔 혹은 이집트'를 제안하는 경우에 대해서는 Bratcher and Hatton, 1993: 170을 보라.

17. καὶ ὁ κύριος(카이 호 퀴리오스)는 '주님도(also the Lord)'이기 때문에 '주께서'라고 번역할 수 없다.

18. 9절의 '백성들, 족속들(혹은 종족들), 언어들, 나라들'은 모두 복수 명사이다.

19. βλέπουσιν(블레푸신)은 단순히 '쳐다보다'라기보다, '지켜보다' 혹은 '응시하다 (will gaze)'(NIV, ESV)이다(대조. Bratcher and Hatton, 1993: 171).

20. ἐπ' αὐτοῖς(에프 아우토이스)는 영어로 직역하면, 'over them'(ESV, NIV)이므로, 개역개정의 '그들의 죽음을'은 '죽음'을 추가한 의역이라 할 수 있다.

물들을 보낼 것이다. 왜냐하면 이 두 선지자가 땅 위에 사는 자들을 괴롭혔기 때문이다.

11 그러나 사흘 반 후에 하나님께로부터 생기가 그들 속에 들어갔다. 그러자 그들은 자신의 두 발로 일어섰고, 큰 두려움이 그들을 지켜보던[21] 자들에게 닥쳤다.

12 그 두 선지자는 하늘로부터 나는 큰 음성이 자신들에게 말하는 것을 들었다. "너희는 이리로 올라오라." 그러자 그들은 구름을 타고 하늘로 올라갔는데, 그들의 원수들이[22] 그들을 쳐다보았다.[23]

13 바로 그때 큰 지진이 나서 그 성의 십분의 일이 무너졌다. 그 지진으로 칠천 명이[24] 죽임을 당했고,[25] 살아남은 이들은 두려워하여 하늘의 하나님께 영광을 돌렸다.

---

21. 현재 능동태 남성 복수 대격 분사 θεωροῦντας(쎄오룬타스)는 '구경하다'(개역개정)가 아니라 '지켜보다'라는 의미이다.

22. οἱ ἐχθροὶ αὐτῶν(호이 에크쓰로이 아우톤)은 '그들의 원수들은'이지, 개역개정처럼 '그들의 원수들도'가 아니다.

23. 아오리스트 능동태 직설법 3인칭 복수 ἐθεώρησαν(에쎄오레산)은 현재시제인 '구경하더라'(개역개정)가 아니라, 과거시제인 '쳐다보았다'로 번역해야 한다.

24. ὀνόματα ἀνθρώπων χιλιάδες ἑπτὰ(오노마타 안쓰로폰 킬리아데스 헤프타)를 직역하면, '칠천 사람들의 이름들이'이다. 여기서 '사람들의 이름들'은 '사람들'을 가리킨다(예. 행1:15의 ὄχλος ὀνομάτων[오클로스 오노마톤]; Matthewson, 2016: 150; Bratcher and Hatton, 1993: 173).

25. ἀπεκτάνθησαν(아페크탄쎄산)은 아오리스트 '수동태' 직설법 3인칭 복수 동사이므로, '그들이 죽임을 당했다'라는 뜻이다.

14 둘째 화는 지났다. 보라, 셋째 화가 속히 올 것이다.[26]

15 그리고 일곱째 천사가 나팔을 불었다. 그러자 하늘에 큰 음성이 말하였다. "세상 나라가 우리 주님과 그분의 그리스도의 나라가 되었다.[27] 그리고 그분께서 영원히 다스리신다."[28]

16 그때 하나님 앞에서 자신의 보좌 위에 앉아 있던 이십 사 장로는 자신의[29] 얼굴을 (땅에) 대고 하나님을 경배하며

17 말하였다. "우리가 주 전능하신 하나님, 곧 지금도 계시고[30] 전에도 계셔오신 주님께 감사드립니다. 왜냐하면 주님의 큰 권능으로 통치하시기 때문입니다.[31]

---

26. ἔρχεται(에르케타이)는 미래 의미의 현재 디포넌트 직설법 3인칭 단수 동사이다. 따라서 개역개정처럼 '이르는도다'라는 현재형의 번역은 모호하다.

27. ἐγένετο(에게네토)는 예견적 아오리스트라기보다, 이미 발생한 사건을 설명하면서도 현재적 의미와 중첩된다고 하겠다. 왜냐하면 하나님 나라는 이미 세상에 임해 있는 실재이기 때문이다(Matthewson, 2016: 151~152; Bratcher and Hatton, 1993: 175).

28. βασιλεύσει(바실류세이)는 현재적 의미의 미래 동사이지만, 미래적 의미도 배제하지는 않는다. 왜냐하면 하나님의 통치는 현재적인 동시에 미래적이기 때문이다. 그리고 세상 나라가 하나님의 나라가 되었다고 말해놓고, 하나님께서 장차 다스리실 것이라고 미래적 통치만 부각시키는 것은 부자연스럽다.

29. '자신의'는 대명사 αὐτῶν(아우톤)을 번역한 것이다.

30. 개역개정은 ὁ ὢν(호 온)과 ὁ ἦν(호 엔)의 순서를 바꾸어 잘못 번역한다.

31. 아오리스트 능동태 직설법 2인칭 단수 ἐβασίλευσας(에바실류사스)는 '통치하셨다' 혹은 개시적으로 '다스리기 시작하셨다'(천주교 성경, TEV, RSV, ESV)라는 의미라기보다, 하나님께서 지금 다스리신다는 현재 의미이다(Matthewson, 2016: 153).

18 나라들이 분노했지만, 주님의 진노가 내려 죽은 자들이 심판을 받을 때가 왔습니다. 그리고 주님의 종들, 곧 선지자들,[32] 그리고 성도와 작든 크든[33] 주님의 이름을 경외하는 이들에게 상을 주시고, 땅을 파괴하는 자들을 파멸시키실 (때가 왔습니다)."

19 그러자 하늘에 있는 하나님의 성전이 열렸고, 그분의[34] 성전 안에 그분의 언약궤가 보였다. 또 번개들과 (요란한) 소리들과 천둥들과 지진이 있었고[35] 큰 우박이 (떨어졌다).

---

32. τοῖς δούλοις σου τοῖς προφήταις(토이스 둘로이스 수 토이스 프로페타이스)에서 '종들'과 '선지자들' 사이에 접속사 καὶ(카이)가 없으므로 동격이다(Bratcher and Hatton, 1993: 178).

33. τοὺς μικροὺς καὶ τοὺς μεγάλους(투스 미크루스 카이 투스 메갈루스)는 천주교 성경처럼 '낮은 사람들이든 높은 사람들이든'으로 번역하는 것도 가능하다.

34. '그분의'는 αὐτοῦ(아우투)의 번역이다. NIV와 ESV는 이 인칭대명사를 매번 번역한다.

35. '번개'와 '소리'와 '천둥'은 복수형 명사이며, '지진'과 '큰 우박'은 단수형 명사이다.

요한계시록 12장

1 그리고 하늘에 큰 표적이[1] 보였다. 한 여인이 해를 옷 입었고, 그녀의
두 발 아래에 달이 (있었고), 그녀의 머리 위에 열두 별로 된 화관이 (있
었다).

2 그 여인은 임신 중이었는데, 출산하기 위해 산통을 겪으며 심히 괴로
워하여[2] 부르짖고 있다.[3]

3 또 다른 표적이 하늘에 보였다. 보라, 크고 붉은 용 한 마리가 일곱 머
리와 열 뿔을 가지고 있었는데, 그의 일곱 머리 위에는 작은 일곱 관
이[4] (있었다).

4 그 용의 꼬리가 하늘의 별들 중 삼분의 일을 휩쓸어[5] 그것들을 땅에

---

1. 요한문헌에서 σημεῖον(세메이온)은 일반적으로 '표적'이라고 번역된다.
2. 현재 수동태 분사 여성 단수 주격 βασανιζομένη(바사니조메네)는 '심한 고통을
   겪다' 혹은 '산통을 겪다'라는 뜻이다. 따라서 개역개정의 '애를 쓰며'는 통증의 강
   도를 반영하기에는 약한 번역이다.
3. κράζει(크라제이)는 '현재' 능동태 직설법 3인칭 단수 동사이다. 이 동사는 '내러
   티브 현재형'이므로, 그대로 현재시제로 생생하게 번역해야 한다.
4. 용이 쓴 διαδήματα(디아데마타)는 1절의 임신부가 쓴 στέφανος(스테파노
   스)와는 다르다. διαδήματα는 더 작고 장식이 화려하지도 않다(Bratcher and
   Hatton, 1993: 182).
5. 현재 동사 σύρει(쉬레이)는 '끌다(drag)'보다는 '휩쓸다(sweep away)'라는 의
   미이다.

던졌다. 그 용은 그 여인이 해산하면 그녀의 아이를 삼키려고, 곧 해산하려는 그 여인 앞에 섰다.

5 마침내 그 여인은 쇠막대기로 장차 만국을 다스릴[6] 아들을 낳았다. 그 여인의 아이는 하나님께 그리고 하나님의 보좌로[7] 들어 올려졌다.[8]

6 그리고 그 여인은 광야로 도망했는데, 거기에 하나님께서 그 여인을 위해 준비하신 장소가 있는데, 거기서[9] 그 여인은 천 이백 육십 일 동안 양육을 받는다.[10]

7 그때 하늘에 전쟁이 벌어져 미카엘과 그의 천사들이 그 용과 맞서 싸웠다. 그리고 그 용과 그의 사자들도 싸웠지만,[11]

---

6. 혹은 '목양할'도 적절한 번역이다(참고. 계 2:27; 7:17; 19:15).

7. πρὸς τὸν θεὸν καὶ πρὸς τὸν θρόνον αὐτοῦ(프로스 톤 쎄온 카이 프로스 톤 쓰로논 아우투)에서 두 번 등장하는 전치사 πρὸς는 '앞'(개역개정, 바른성경)이 아니라 '에게'라는 의미이다.

8. 아오리스트 수동태 직설법 3인칭 단수 ἡρπάσθη(헤르파스쎄)는 '들어 올려졌다' 인데, 바른성경은 능동태의 느낌이 나는 '들려 올라갔다'라고 번역한다.

9 부사 ἐκεῖ(에케이)가 두 번이나 사용되어, 여인이 도망친 장소를 강조한다.

10. 현재 능동태 가정법 3인칭 복수 τρέφωσιν(트레포신)은 직역하면, '그들이(누군지 알 수 없는 비인칭 주어) 보호하다'이다. 따라서 '(그 여인이) 보호를 받다'라고 수동태로 번역해도 무방하다(Matthewson, 2016: 160).

11. 아오리스트 능동태 직설법 3인칭 '단수' ἐπολέμησεν(에폴레메센)의 주어는 3인칭 남성 '복수' 주격인 '용과 그의 사자들'이다. 그런데 '용'이 '그의 사자들'보다 더 중요하기에, 용에게 초점을 두어 3인칭 단수 동사가 사용된 것이다. 따라서 KJV처럼 '용이 싸웠고, 그의 사자들도'라고 번역할 필요는 없다(Matthewson, 2016: 162).

8 그들이[12] 이기지 못하여, 하늘에 더 이상[13] 그들을 위한 장소가 없었다.

9 그리하여 그 큰 용, 옛 뱀, 마귀와 사탄이라 불리는 자, 그리고 온 세상을 미혹하는 자가[14] 내던져졌다. 그리고 그가 땅으로 떨어졌고,[15] 그의 사자들도 그와 함께 (땅으로) 떨어졌다.

10 그때[16] 나는 하늘에서 큰 음성이 말하는 것을 들었다. "이제 우리 하나님의 구원과 능력과 나라와 그분의 그리스도의 권세가 나타났다. 왜냐하면 우리 형제들을 고발하던 자, 곧 우리 하나님 앞에서 낮과 밤 (쉬지 않고) 그들을[17] 고발하던 자가 쫓겨났기 때문이다.

11 그리고 우리 형제들은 어린양의 피와 자신들이 말씀, 곧[18] 증언 때문

---

12. 7절의 단수 동사 ἐπολέμησεν(에폴레메센)처럼, 아오리스트 능동태 3인칭 단수 ἴσχυσεν(이스퀴센)의 주어는 '용과 그의 사자들'이다.

13. 부정어 οὐδὲ(우데)와 함께 등장하는 ἔτι(에티)는 '더 이상 ~ 않다(no longer)'라는 의미이다(Matthewson, 2016: 162).

14. '큰 용', '옛 뱀', '마귀와 사탄이라 불리는 자', '온 세상을 미혹하는 자'는 모두 동격이다.

15. 아오리스트 수동태 직설법 3인칭 단수 ἐβλήθη(에블레쎄)는 '던져졌다(was cast out)'라는 뜻이다. 하늘에 있던 용이 전치사구 '땅으로(εἰς τὴν γῆν[에이스 텐 겐])'와 함께 사용되므로 '떨어졌다'가 적절한 번역이다.

16. 개역개정은 접속사 καὶ(카이)를 번역하지 않지만, 내러티브의 흐름을 따라 적절히 번역해야 한다.

17. 개역개정은 '그들을(αὐτούς[아우투스])'을 생략하므로 '참소하던'의 목적어가 불분명하다.

18. τὸν λόγον(톤 로곤)과 보족적(epexegetical) 속격 명사 τῆς μαρτυρίας(테스 마르튀리아스)는 동격이다(Matthewson, 2016: 164).

에[19] 그 용을 이겼는데, 그들은 죽기까지 자신의 목숨을 사랑하지 않았다.

12 그러므로 하늘과 그 안에 사는 이들은 스스로[20] 기뻐하라. 그러나 땅과 바다에 (사는 이들에게는) 화로다![21] 왜냐하면 마귀가 자기 시간이 얼마 남지 않은 것을 알기에 큰 분노를 품고 너희에게 내려갔기 때문이다."

13 그 용은 자신이 땅으로 떨어진 것을 깨달았고,[22] 아들을 낳은 그 여인을 박해하였다.

14 그러나 그 여인에게 큰 독수리의 두 날개가 주어진 것은,[23] 광야에 있

---

19. 전치사 διὰ(디아)와 뒤따르는 대격 명사 τὸ αἷμα(토 하이마) 및 τὸν λόγον(톤 로곤)은 이유를 의미한다. 하지만 개역개정, 바른성경, NIV, ESV, KJV는 이유가 아니라 수단(by)으로 번역한다(Zerwick, 1993: 761; Rogers Jr. and Rogers III, 1998: 636).

20. εὐφραίνεσθε(유프라이네스쎄)는 아오리스트 중간태 디포넌트 명령형 2인칭 복수 동사이다. 중간태 디포넌트의 느낌을 살려 '너희는 스스로 기뻐하라 (rejoice yourselves)'라고 번역하면 된다(Rogers Jr. and Rogers III, 1998: 636).

21. οὐαὶ τὴν γῆν καὶ τὴν θάλασσαν(우아이 텐 겐 카이 텐 쌀라산)을 KJV는 "Woe to the inhabiters of the earth and of the sea!"라고 번역한다. 하지만 τὴν γῆν(텐 겐)은 'the earth'보다 'the land'로 번역하는 것이 더 적절하다.

22. εἶδεν(에이덴)은 직역하면, '보았다'이지만, 의역해서 '깨달았다'로 번역하는 것이 더 낫다.

23. ἐδόθησαν(에도쎄산)은 개역개정처럼 '받았다'라는 능동태로 번역하기보다 신적수동태의 느낌을 살려 '주어졌다(were given)'로 번역해야 한다.

는 자신의 거처로 날아가 거기서 그 뱀의 낯을 피하여 한 때와²⁴ 두 때와 반 때 동안 양육받기 위함이다.

15 그 뱀은 자기 입에서 그 여인의 뒤에 물을 강처럼 내뱉었는데,²⁵ 그 여인을 강물로 쓸어버리려고²⁶ 하였다.

16 그러나 땅이 그 여인을 도왔는데, 땅은 자기 입을 열어 그 용이 자기 입으로 내뱉은 강물을 다 마셔버렸다.²⁷

17 그러자 그 용은 그 여인에게 분노하였고, (그 용은) 그 여인의 후손의 남은 이들,²⁸ 곧 하나님의 계명들을 지키는 이들, 곧²⁹ 예수님의 증언

---

24. 천주교 성경처럼 '한 때(καιρὸν[카이론])'를 '일 년'으로 의역할 수도 있다. 그렇지 않고 '한 때'로 직역할 경우, 각주로 '일 년'이라는 설명이 필요하다.

25. 입에서(ἐκ τοῦ στόματος[에크 투 스토마토스]) '토했다'라기보다 '내뱉었다(ἔβαλεν[에발렌])'가 더 적절하다.

26. 여성 단수 대격 형용사 ποταμοφόρητον(포타모포레톤)은 명사 ποταμο(포타모, '강')와 형용사 φόρητον(포레톤, '옮겨진[carried]')의 합성어로, '강으로 쓸어버린' 혹은 '강으로 떠내려간'이라는 뜻이다(Liddell and Scott, 1974: 766).

27. 아오리스트 능동태 직설법 3인칭 단수 κατέπιεν(카테피엔)은 합성 동사로서 '다 마시다(drank down)' 혹은 '삼키다(swallowed up)'라는 뜻이다.

28. τῶν λοιπῶν τοῦ σπέρματος αὐτῆς(톤 로이폰 투 스페르마토스 아우테스)를 직역하면, '그녀의 씨(후손)의 남은 이들(the rest of her offspring)'(ESV)이 된다. 따라서 용이 싸우려는 대상은 그 여인의 후손 전체가 아니라, 특히 후손 가운데 남은 이들이다.

29. 구문은 '하나님의 계명들을 지키는 이들(τῶν τηρούντων τὰς ἐντολὰς τοῦ θεοῦ[톤 테룬톤 타스 엔톨라스 투 쎄우])', 곧(καὶ[카이]) '예수님의 증언을 가지고 있는 이들(ἐχόντων τὴν μαρτυρίαν Ἰησοῦ[에콘톤 텐 마르튀리안 이에수])'이다. 따라서 '하나님의 계명들'은 '예수님의 증언'과 동격이다. 또한 계명

을 가지고 있는 이들과 싸우려고 (광야를) 떠나버렸다.[30] 그 후에 용은 바닷가 모래 위에 섰다.[31]

들을 지키는 것은 예수님을 증언하는 행위가 된다.

30. 아오리스트 디포넌트 3인칭 단수 동사 $\dot{\alpha}\pi\tilde{\eta}\lambda\theta\epsilon\nu$(아펠쎈)은 '돌아갔다'(개역개정)가 아니라 '가버렸다'이다.

31. 다수사본은 $\dot{\epsilon}\sigma\tau\dot{\alpha}\theta\eta\nu$(에스타쎈, '내[사도 요한]가 섰다')이라고 표기한다. 이 이문은 13장 1절의 "그리고 '나는' 보았다($K\alpha\grave{\iota}$ $\epsilon\tilde{\iota}\delta o\nu$)"에 인칭과 수를 맞춘 것이지만, 사본상 지지가 약할 뿐 아니라, '용'이 바다에서 올라오는 짐승을 통해 그리스도인을 박해하는 요한계시록 13장의 문맥과도 맞지 않는다. 참고로, NTG 28은 "그 후에 그는(그 용은) 바닷가 모래 위에 섰다($K\alpha\grave{\iota}$ $\dot{\epsilon}\sigma\tau\dot{\alpha}\theta\eta$ $\dot{\epsilon}\pi\grave{\iota}$ $\tau\grave{\eta}\nu$ $\ddot{\alpha}\mu\mu o\nu$ $\tau\tilde{\eta}s$ $\theta\alpha\lambda\dot{\alpha}\sigma\sigma\eta s$[카이 에스타쎄 에피 텐 암몬 테스 쌀라세스])"를 18절에 배치한다.

요한계시록 13장

1 그리고 나는 열 뿔과 일곱 머리를 가진 짐승 한 마리가 바다에서 올라 오는 것을 보았다. 그 짐승의 열 뿔은 열 개의 작은 관을 썼고, 그의 일 곱 머리에는 하나님을 모독하는 이름들이[1] 있었다.

2 내가 본 그 짐승은 표범 같았고, 그의 두 발은 곰의 발 같았으며, 그의 입은 사자의 입과 같았다. 그 용은 바다짐승에게[2] 자신의 능력과 자신 의[3] 보좌와 큰 권세를 주었다.

3 그런데 (나는) 바다짐승의 일곱 머리 가운데 죽음의 재앙을 입어 죽은 것 같은 하나를 (보았다).[4] 하지만 그의 치명적인 상처가 나았다. 그래 서 온 땅이 놀라서 바다짐승의 뒤를 (따랐다).

4 그 용이 바다짐승에게 권세를 주었기에, (온 땅의 사람들은)[5] 그 용에게

---

1. 중성 복수 대격 명사 ὀνόματα(오노마타)는 다수사본이 지지하고, 단수 명사 ὄνομα(오노마)는 p⁴⁷과 ℵ이 지지한다. 바다짐승의 일곱 머리가 등장하기 때문에 문맥상 복수 명사가 자연스럽다.

2. '바다짐승에게'는 3인칭 단수 여격 대명사 αὐτῷ(아우토)를 번역한 것이다. 요한 계시록 13장에 용, 바다짐승 그리고 땅짐승이 복합적으로 등장한다. 따라서 인칭 대명사는 어떤 짐승을 가리키는지 분명하게 번역할 필요가 있다.

3. '자신의'는 인칭대명사 αὐτοῦ(아우투)를 번역한 것이다.

4. 여성 단수 '대격' 형용사 μίαν(미안)은 생략된 동사 εἶδον(에이돈)의 목적어로서 '하나를'이라는 의미이다(Matthewson, 2016: 170).

5. 3절에 등장하는 '온 땅의 사람들'은 4절의 προσεκύνησαν(프로세퀴네산)의 주

경배하였다. 그리고 그들은 바다짐승에게도 경배하며 말하였다. "누가 그 짐승과 같으며, 누가 그와 싸울 수 있는가?"

5 또 바다짐승에게 거만하고[6] 하나님을 모독하는 말들을[7] 하는 입이 주어졌다. 그리고 바다짐승에게 마흔 두 달 동안 활동할 권세가 주어졌다.

6 그래서 바다짐승은 하나님을 모독하려고 자기 입을 벌려, 하나님의 이름과 하나님의 장막, 곧 하늘에 장막을 친[8] 이들을 모독하였다.

7 또 바다짐승에게 성도와[9] 싸워서 그들을 이기는 (권세가) 주어졌고, 모든 족속과 백성과 언어와 나라를 다스릴 권세도 그에게 주어졌다.

어이다. 개역개정은 누가 그 용과 바다짐승을 경배하는지 알 수 없도록 번역한다 (Matthewson, 2016: 171).

6. 중성 복수 대격 형용사 $\mu\epsilon\gamma\acute{a}\lambda a$(메갈라)를 직역하면 '큰 것들'이 되는데, 이를 의역해 '거만한 것들(haughty things)'로 번역할 수 있다.

7. 앞의 $\mu\epsilon\gamma\acute{a}\lambda a$(메갈라)가 중성 '복수' 대격 형용사이므로, 복수형 '말들'로 번역하는 것이 자연스럽다.

8. 앞의 '장막($\tau\grave{\eta}\nu\ \sigma\kappa\eta\nu\grave{\eta}\nu$[텐 스케넨])'에 맞추어, 현재 능동태 분사 남성 복수 대격 $\sigma\kappa\eta\nuo\hat{\nu}\nu\tau a\varsigma$(스케눈타스)를 '장막을 치다(to tabernacle)'라고 번역하면 일관성이 있다. '살다' 혹은 '거하다'도 가능한 번역이다.

9. $\tau\hat{\omega}\nu\ \acute{a}\gamma\acute{\iota}\omega\nu$(톤 하기온, '성도')은 '거룩한(聖) 무리(徒)'이므로, 개역개정과 바른 성경 그리고 천주교 성경처럼 복수형 어미 '들'을 붙일 필요가 없다.

8 창세 이후로[10] 그 땅 위에[11] 사는 모든 자들, 곧 죽임 당하신 어린양의 생명책에 자기 이름이 기록되지 않은 자들은 바다짐승을 경배하였다.

9 누구든지 귀 있는 이는 들어라.

10 사로잡힐 이는 사로잡혀 갈 것이다. 칼로 죽임을 당할 이는 칼로 죽을 것이다.[12] 여기에 성도의 오래 참음과 믿음이 (필요한 이유가) 있다.[13]

---

10. 창세 이후로($\dot{\alpha}\pi\dot{o}$ $\kappa\alpha\tau\alpha\beta o\lambda\tilde{\eta}\varsigma$ $\kappa\acute{o}\sigma\mu ou$[아포 카타볼레스 코스무])는 8절 마지막에 위치한 전치사구이다. 하지만 천주교 성경처럼 8절 문두에 번역할 경우 특정한 오해, 즉 구원의 예정을 받은 이들의 이름들은 '창세 이후에' 기록되었다는 인상을 주는 오해를 방지할 수 있다(참고. 계17:8). 생명책에 녹명된 시점은 창세 이래가 아니라 창세 이전이다. 참고로, '창세 이후로'가 바로 앞의 '죽임 당하신 어린양($\tau o\tilde{u}$ $\dot{\alpha} \rho v\acute{\iota} ou$ $\tau o\tilde{u}$ $\dot{\epsilon}\sigma\phi\alpha\gamma\mu\acute{\epsilon} vou$[투 아르니우 투 에스파그메누])'을 수식하므로, 예수님의 죽음을 통한 구원 계획은 '창세로부터' 작정되었다는 주장에 대해서는 Matthewson, 2016: 175를 보라. 그러나 이런 구원 계획 역시 창세 이후가 아니라 그 전에 수립되었다.

11. 개역개정은 '이 땅에'라고 번역하지만, '그 땅 위에($\dot{\epsilon}\pi\dot{\iota}$ $\tau\tilde{\eta}\varsigma$ $\gamma\tilde{\eta}\varsigma$[에피 테스 게스])'가 정확하다. 왜냐하면 부분적 과거론자들이 정확하게 간파하듯이, 계시록에서 '바다'는 열방을 상징하고(계17:15), '그 땅'은 팔레스타인 혹은 유대인의 거처를 상징하기 때문이다(계1:7).

12. 다수사본은 부정사 $\dot{\alpha}\pi o\kappa\tau\alpha v\theta\tilde{\eta} v\alpha\iota$(아포크탄쎄나이, 'will be killed')의 주어인 $\alpha\dot{u}\tau\grave{o}v$(아우톤) 앞에 '반드시($\delta\epsilon\tilde{\iota}$[데이])'를 포함한다(ESV, KJV, RSV, TEV). 이를 반영하여 개역개정도 '마땅히'라고 번역한다. 하지만 문맥상 '반드시'가 꼭 필요한 것은 아니다(NIV, 천주교 성경, 공동번역).

13. 독자의 이해를 돕기 위해서, 성도의 오래 참음과 믿음이 있는 이유를 설명하면서 독자를 권면하려면 의역이 필요하다(참고. NIV, ESV, 천주교 성경; Bratcher and Hatton, 1993: 200).

11 그리고 나는 다른 짐승이 그 땅에서 올라오는 것을 보았는데, 그 짐 승은 어린양처럼 두 뿔을 가지고 있었지만 용처럼 말하고 있었다.[14]

12 (둘째 땅짐승은) 첫째 (바다)짐승의[15] 모든 권세를 그의 앞에서 행하였고, 그 땅과 그 땅 안에 사는 자들이 자신의 죽음의 재앙이 나은 첫째 (바 다)짐승을 경배하도록 만들었다.

13 (둘째 땅짐승은) 또 큰 표적들을 행하였는데, 심지어[16] 사람들이 (보는) 앞 에서 불이 하늘에서 땅으로 내려오게 했다.

14 땅짐승은 (바다)짐승이 (보는) 앞에서 자기에게 허락된 표적들을 행하 였기에[17] 그 땅에 사는 자들을 미혹하였다. 그러면서 땅짐승은 그 땅 에 사는 자들에게 칼로 치명상을 입고도 살아난 (바다)짐승을 위해 우 상을 만들라고 말하였다.

15 그리고 땅짐승에게는 (바다)짐승의 우상에게 생기를 불어넣을 수 있 는 (권세가) 주어졌다. 그리하여 (바다)짐승의 우상은 말을 하고, (바다) 짐승의 우상에게 경배하지 않는 이들은 모두 죽임을 당하게 할 수

---

14. 11절의 둘째와 셋째 직설법 동사(εἶχεν[에이켄], ἐλάλει[엘랄레이])는 모두 미 완료 시상이다.

15. 독자가 혼동하지 않도록, 첫째 바다짐승과 둘째 땅짐승을 구체적으로 구분할 필요가 있다.

16 접속사 καὶ(카이)를 NIV, RSV, ESV는 'even(심지어)'이라 번역한다.

17. διὰ τὰ σημεῖα ἃ ἐδόθη αὐτῷ ποιῆσαι(디아 토 세메이아 하 에도쎄 아우토 포 이에사이)는 전치사 διὰ(디아)와 중성 복수 '대격' 명사 τὰ σημεῖα(타 세메이 아)의 조합이므로, 수단이 아니라 이유를 나타내는 전치사구이다(Matthewson, 2016: 180).

있었다.[18]

16 또 땅짐승은 모든 자들, 곧 작은 자들과[19] 큰 자들과 부자들과 가난한 자들과 자유자들 그리고 종들에게 그들의 오른손에나 그들의 이마에 표를 받게 하였다.[20]

17 그리하여 (땅짐승은 바다)짐승의 표, 곧[21] 이름 혹은 (바다)짐승의 이름의 수를[22] 가진 자 외에는 누구든지 사거나 팔지 못하게 했다.

18 여기 지혜가 (필요한 이유가) 있다. 이해력을[23] 가진 이는 그 (바다)짐승의 수를 세어 보라. 왜냐하면 그것은 사람의 수이기 때문인데,[24] (바다)짐승의 수는 육백 육십 육(이다).

---

18. 우상 숭배를 거부한 이들로 죽임을 당하게 만드는 주체는 땅짐승이 아니라 바다짐승(의 우상)이다(Bratcher and Hatton, 1993: 203).

19. '모든 자들(πάντας[판타스])' 안에 포함된 '작은 자들(τοὺς μικροὺς[투스 미크루스])'을 비롯하여, 여기에 등장하는 총 여섯 부류의 사람들은 모두 남성 복수 대격 명사로 언급된다.

20. 아오리스트 능동태 가정법 3인칭(비인칭) 복수 동사 δῶσιν(도신, '그들이 주다')은 수동태로 번역하면 된다. 따라서 '주다'의 3인칭 복수형 주어 '그들'을 바다짐승과 땅짐승으로 볼 필요는 없다(Matthewson, 2016: 182).

21. 두 중성 단수 대격 명사 τὸ χάραγμα τὸ ὄνομα(토 카라그마 토 오노마)를 동격으로 볼 경우, 이를 번역하면 '그 표, 곧 그 이름'이 된다.

22. '바다짐승의 이름의 수를'을 대체할만한 번역은 '(바다)짐승의 이름, 곧 수를'이다. 이렇게 번역할 경우, 바다짐승의 '표'와 '이름'과 '수'는 의미상 모두 동일하다(Matthewson, 2016: 183).

23. 남성 단수 대격 명사 νοῦν(눈)은 '이해력(understanding, comprehension)'을 가리킨다(Rogers Jr. and Rogers III, 1998: 638).

24. '때문인데'는 종속접속사 γὰρ(가르)를 번역한 것이다.

요한계시록 14장

1 그리고, 보라, 나는 어린양께서 시온 산 위에 서 계신 것을 보았다. 어
린양과 함께 십사만 사천 명이 있었는데,[1] 그들의 이마에 어린양의 이
름과 그분의 아버지의 이름이 기록되어 있었다.

2 또 나는 하늘로부터 많은 물소리 같고 큰 천둥소리 같은 한 소리를 들
었다. 내가 들은 그 소리는 하프 연주자들이 자신의 하프를 연주하며
노래하는[2] 소리와 같았다.

3 그들은[3] (하나님의) 보좌와 네 생물과 장로들 앞에서 새 노래를 부르는
데, 땅으로부터[4] 속량을[5] 받은 십사만 사천 명 이외에는 아무도 그 노

---

1. 주동사 역할을 하는 분사 ἑστός(헤스토스, '서다')는 어린양이 서 계신 것을 묘사
할 때, 즉 한 번만 등장한다.

2. κιθαρῳδός(키싸로도스, '하프 연주자')는 κιθάρα(키싸라, '하프')와 ᾠδός(오도
스, '노래하는 이')의 합성어이다. 그리고 뒤따르는 3절에서 노래를 부르는 이들
을 하프 연주자들로 볼 수 있다. 따라서 천주교 성경처럼 '수금을 타며 노래하는
이들의 목소리'라고 번역하는 것도 가능하다(참고. Zerwick, 1993: 763).

3. 새 노래를 부르는(ᾄδουσιν[아두신]) '그들은' 누구인가? 후보로 하프 연주자들,
144,000명, 그리고 보좌 주위의 천사들(7:11~12)이 거론된다. 동사의 주어가 모
호하므로, '그들은'이라고 모호한 그대로 번역하는 것이 좋다.

4. 전치사구 ἀπὸ τῆς γῆς(아포 테스 게스)는 '땅에서'(개역개정, 바른성경)보다 '땅
으로부터'라고 번역할 경우, 유대인을 주로 가리키는 '그 땅'이 십사만 사천의 주
요 박해세력임을 강조하게 된다.

5. 국어사전에 따르면, 한자 '속량(贖良)'은 '몸값을 받고 종을 놓아주어 양민이 되게

래를 배울 수 없었다.

4 이들은 여자들과[6] 더불어 자신을[7] 더럽히지 않은 정결한 이들이다. 이들은 어린양께서 가시는 곳은 어디든지 따라가는 이들이다. 그리고 이들은 사람들로부터 속량을 받아 하나님과 어린양께 (바쳐진) 첫 열매이다.

5 그리고 그들의 입에서 거짓말을 찾아볼 수 없었고,[8] 그들은 흠이 없다.[9]

6 또 나는 다른 천사가 공중에 날아다니는[10] 것을 보았다. 그 천사는 땅

함'이라는 뜻이다. 계시록 14장 3절에서는 십자가에서 치르신 예수님의 몸값으로써 죄인들이 사탄과 사망의 종노릇한 데서 해방된 것을 뜻한다.

6. 여성 복수 속격 명사 γυναικῶν(귀나이콘)은 '여자들'인데, 이들은 계시록에서 부정적으로 묘사된 여성 인물인 이세벨(계2:20)이나 음녀 바벨론(계17~18장)을 가리킨다.

7. ἐμολύνθησαν(에몰륀쎄산)은 수동태 대신 재귀적 의미를 가진 '중간태' 직설법 동사로 볼 수 있다(Matthewson, 2016: 188).

8. ἐν τῷ στόματι αὐτῶν οὐχ εὑρέθη ψεῦδος(엔 토 스토마티 아우톤 우크 휴레쎄 프슈도스)를 의역하면, '그들은 결코 거짓말을 하지 않았다'가 된다. 이러한 번역이 직역보다 더 자연스러운 것으로 인정하는 경우에 대해서는 Bratcher and Hatton, 1993: 209를 보라. 하지만 144,000명이 결코 거짓말을 하지 않았다고 말하면 성도가 이 세상에서 완전한 영화 가운데 살 수 있다는 오해를 일으킬 수 있다.

9. ἄμωμοί εἰσιν(아모모이 에이신)은 '그들은 어떤 악행도 행하지 않았다'라고 의역하는 것이 자연스럽다고 보는 경우에 대해서는 Bratcher and Hatton, 1993: 209를 보라.

10. πετόμενον(페토메논)의 번역은 '날아가다'(개역개정, 바른성경)보다 '날아다니

에 사는 이들 그리고[11] 모든 나라와 족속과 언어와 백성에게 전파할 영원한 복음을 가지고 있었다.

7 그 천사는 큰 소리로 외쳤다. "너희는 하나님을 두려워하며 그분께 영광을 돌려라. 왜냐하면 하나님의 심판의 때가 왔기 때문이다. 너희는 하늘과 땅과 바다와 샘들을[12] 만드신 분을 경배하라."

8 그리고 다른 두 번째 천사가 따라와 말하였다. "무너졌다. 무너졌다. 큰 성 바빌론이여! 자신의 음행 때문에[13] (하나님의) 진노의 포도주를 모든 나라에게 마시게 했다."

9 또 세 번째 다른 천사가 그들을 따라와 큰 소리로 외쳤다. "누구든지 바다짐승과[14] 그의 우상에게 경배하고 자신의 이마나 손에 표를 받으면,

---

다'(공동번역)가 어감에서 더 자연스럽다. 왜냐하면 천사가 온 세상을 날아다니면서 복음을 전하기 때문이다.

11. 계시록에서 '그 땅'은 종종 팔레스타인 혹은 유대인의 거처를 가리킨다. 천사는 '그 땅에 사는 이들(ἐπὶ τοὺς καθημένους ἐπὶ τῆς γῆς[에피 투스 카쎄메누스 에피 테스 게스])' 그리고(καὶ) '온 세상에 사는 사람들(ἐπὶ πᾶν ἔθνος καὶ φυλὴν καὶ γλῶσσαν καὶ λαόν[에피 판 에쓰노스 카이 퓔렌 카이 글로산 카이 라온])'에게 복음을 전해야 한다(참고. KJV, 공동번역)

12. πηγὰς(페가스, 'springs')는 여성 복수 대격 명사이다.

13. 여성 단수 속격구인 τῆς πορνείας αὐτῆς(테스 포르네이아스 아우테스)는 만국이 하나님의 진노의 포도주를 마신 이유이다(참고. 바른성경). 따라서 만국은 미혹한 음녀의 음행 때문에 진노를 받는다.

14. τὸ θηρίον(토 쎄리온)은 그 짐승인데, 요한계시록 13장 1절의 바다짐승을 가리킨다. 개역개정과 바른성경은 정관사를 생략하여 '짐승'이라고 모호하게 번역한다.

10 그도 하나님의 진노의 포도주를 마실 것인데, 그것은 하나님의 진노의 잔에 (물을)[15] 혼합하지 않은 (독한) 포도주이다. 그런 자는 거룩한 천사들 앞과 어린양 앞에서 불과 유황으로 고난을 받을 것이다. **11** 그들의[16] 고통의 연기가 영원히 올라갈 것이고, 바다짐승과 그의 우상에게 경배하는 자들과 바다짐승의 이름의 표를 받는 자마다 낮과 밤 쉬지 못할 것이다."

12 여기에 성도, 곧 하나님의 계명들과 예수님을[17] (믿는) 믿음을 지키는 이들의 오래 참음이 (필요한 이유가)[18] 있다.

13 그리고 나는 하늘에서 음성이 말하는 것을 들었다. "너는 기록하라. 지금부터[19] 복되도다![20] 주님 안에서 죽는 이들이여." 그러자 성령께서 말씀하신다. "그것이 사실이다.[21] 그들은 자신의 수고들로부터 쉴

---

15. 요한 당시에 진한 포도주는 물과 혼합하여($\varkappa\epsilon\varkappa\epsilon\rho\alpha\sigma\mu\acute{\epsilon}\nuо\upsilon$[케케라스메누]) 마셨다.

16. $\alpha\grave{\upsilon}\tau\tilde{\omega}\nu$(아우톤)은 '그들의'인데, 이는 음녀 바벨론과 음행을 행한 자들을 가리킨다.

17. Ἰησοῦ(이에수)는 목적어적 속격이다.

18. 요한계시록 13장 10절처럼, '필요한 이유가'를 추가하여 번역하면 된다.

19. 전치사구 ἀπ' ἄρτι(아프 아르티)는 '복되도다($\mu\alpha\varkappa\acute{\alpha}\rho\iota\omicron\iota$[마카리오이])'를 수식할 수 있다. 만일 지금부터, 곧 요한 당시부터 죽는 이들이 복되다면, 그 이전에 죽은 이들은 마치 복되지 않다는 오해를 살 수 있다(Matthewson, 2016: 196).

20. 남성 복수 주격 형용사 $\mu\alpha\varkappa\acute{\alpha}\rho\iota\omicron\iota$(마카리오이)를 호격으로 이해할 수 있다.

21. 주요 대문자 사본들이 삭제한 불변화사 ναί(나이, 'yes')는 복되다는 말 자체로 '그것이 사실이다(Yes, it is true)'라는 뜻이다(Bratcher and Hatton, 1993: 216).

것이며, 그들의 행위들이 그들을 따를 것이기 때문이다."

14 보라,[22] 내가 또 보니, 흰 구름이 있었고, 그 구름 위에 인자 같은 분께서 앉아 계셨는데, 그분께서는 머리에 금관을 쓰시고 그분의 손에는 날카로운 낫을 들고 계셨다.[23]

15 또 다른 천사가 성전에서 나와서 흰 구름 위에 앉으신 분께 큰 소리로 외쳤다. "주님의 낫을 대어 추수하옵소서. 왜냐하면 그 땅의 곡식이 무르익어 추수할 때가 왔기 때문입니다."

16 그러자[24] (흰) 구름 위에 앉으신 분께서 그 땅에 자기[25] 낫을 휘두르시니 그 땅의 (곡식이) 거두어졌다.

17 또 다른 천사가 하늘에 있는 성전에서 나왔는데, 그도[26] 날카로운 낫을 들고 있었다.

18 그리고 불을 다스리는 권세를 가지고 있는 다른 천사가 제단에서 나왔다.[27] 그 천사는 날카로운 낫을 가진 천사에게 큰 소리로 외쳤다. "너의 날카로운 낫을 대어 그 땅의 포도나무의 송이들을 거두라. 왜냐하

---

22. 개역개정이 번역하지 않은 '보라'는 καὶ ἰδοὺ(카이 이두)를 번역한 것이다.
23. 14절에서 개역개정은 '앉으셨는데'라는 존칭어와 '가졌더라'라는 비존칭어를 같이 사용해 번역한다는 점에서 일관성이 결여된다.
24. '그러자'는 접속사 καὶ(카이)의 번역이다.
25. 개역개정이 번역하지 않은 인칭대명사 αὐτοῦ(아우투)는 '자신의'라는 뜻이다.
26. καὶ αὐτὸς(카이 아우토스)는 '그도(he too)'라는 뜻이다. 이를 개역개정은 '역시'라고 번역한다.
27. p[47], 1611 그리고 2053을 제외하면, 모든 대문자 사본과 소문자 사본은 동사 ἐξῆλθεν(엑셀쎈, '나왔다')을 포함한다.

면 포도나무의²⁸ 포도들이 다 익었기 때문이다."

19 그러자 그 천사가 자기²⁹ 낫을 땅에³⁰ 대어 땅의 포도를 거두어, 하나
님의 진노의 큰 포도주 틀 안에 던졌다.

20 그리고 포도주 틀이 그 성³¹ 밖에서 밟히자, 그 포도주 틀에서 피가
흘러나와 (깊이는)³² 말들의 굴레들에까지 닿았고, (거리는) 천 육백 스
타디온이었다.³³

---

28. 18절의 끝 단어 αὐτῆς(아우테스)는 3인칭 단수 속격 대명사인데, 바른성경처
럼 '땅의(τῆς γῆς[테스 게스])'라고 번역하는 것도 불가능한 것은 아니지만. '포
도나무의(τῆς ἀμπέλου[테스 암펠루])'라고 번역하는 것이 더 자연스럽다. 왜
냐하면 '땅의 포도들(αἱ σταφυλαὶ τῆς γῆς[하이 스타퓔라이 테스 게스])'보다
는, '포도나무의 포도들(αἱ σταφυλαὶ τῆς ἀμπέλου[하이 스타퓔라이 테스 암
펠루])'이 더 직접적으로 연결되기 때문이다(비교. 19절의 τὴν ἄμπελον τῆς
γῆς[텐 암펠론 테스 게스, '땅의 포도나무'])

29. 개역개정이 번역하지 않은 '자기'는 3인칭 남성 단수 속격 대명사 αὐτοῦ(아우
투)의 번역이다.

30. 개역개정이 번역하지 않은 '땅에'는 전치사구 εἰς τὴν γῆν(에이스 텐 겐)의 번
역이다.

31. 막연한 어떤 '성(city)'이 아니라 '그 성(τῆς πόλεως[테스 폴레오스])'이다.

32. 포도주 틀의 심판 때문에 엄청난 양의 피가 강처럼 흘렀다. 따라서 피 강의
'높이'(천주교 성경)가 아니라 '깊이'를 보충하여 번역해야 한다(Bratcher and
Hatton, 1993: 222).

33. 20절에서 전치사 ἀπό(아포)는 어떤 지점으로부터의 거리(distance)를 가리킨
다(Matthewson, 2016: 202; Zerwick, 1993: 765).

요한계시록 15장

1 그리고 나는 하늘에 (나타난) 크고 놀라운[1] 다른 표적을 보았다. 일곱 천사가 일곱 재앙을 가지고 있었는데, (그것들은) 마지막 (재앙들)이다. 왜냐하면 하나님의 진노가 그것들로써[2] 끝나게 될 것이기 때문이다.

2 또 나는 불이 섞인 유리 바다 같은 것과 바다짐승과 그의 우상과 그의 이름의 수를 이긴 이들이 유리 바닷가에[3] 하나님의 하프들을 들고 서 있던 것을 보았다.[4]

3 그들이 하나님의 종 모세의 노래와 어린양의 노래를 불렀다. "주, 곧 전능하신 하나님![5] 주님의 일들은 크고 놀랍습니다. 영원한 왕이시

---

1. 형용사 중성 단수 대격 θαυμαστόν(싸우마스톤)은 '놀라운'이지 '이상한'(개역개정)이 아니다.

2. '그것들로써'는 전치사구 ἐν αὐταῖς(엔 아우타이스)의 번역이다. 여기서 여성 복수 여격 명사 αὐταῖς는 '일곱 재앙들(πληγὰς ἑπτὰ[플레가스 헤프타])'을 가리킨다.

3. 천주교 성경과 KJV는 '유리 바다 위에'라고 번역한다. 왜냐하면 '불이 섞인 유리 바다와 같은 것'이므로 요한의 눈에 마치 그 위에 서 있는 것처럼 보였을 수 있기 때문이다(Matthewson, 2016: 204).

4. 요한이 본 것에는 유리 바다와 같은 것뿐만 아니라, 그 바닷가에 서 있던 바다짐승을 이긴 이들도 있다.

5. 호격 명사 κύριε(퀴리에, '주여')와 동격으로 등장하는 주격 명사 ὁ θεὸς ὁ παντοκράτωρ(호 쎄오스 호 판토크라토르, '전능하신 하나님')는 정관사를 동반한다(Zerwick, 1993: 765; Matthewson, 2016: 205).

여!⁶ 주님의 길들은 의롭고 참됩니다.⁷

4 주님! 누가 주님의 이름을 정녕⁸ 두려워하지 않으며 주님의 이름을 정녕 영화롭게 하지 않겠습니까? 왜냐하면 주님만 거룩하시기 때문입니다. 그리고 만국이 주님 앞에 와서 경배할 것이기 때문입니다.⁹ 또한 주님의 의로운 일들이 나타났기 때문입니다."

5 이 일들 후에 나는 하늘에 있는 증거 장막의 성전이¹⁰ 열려진 것을 보았다.

6 그리고 일곱 재앙을 가진 일곱 천사가 성전에서 나왔다. 일곱 천사는

---

6. A와 다수사본은 '만국의 왕이시여(ὁ βασιλεὺς τῶν ἐθνῶν[호 바실류스 톤 에쓰논])'를 지지하지만, 중요한 대문자 사본들(p⁴⁷, ℵ, C)과 NIV는 '영원한 왕이시여(ὁ βασιλεὺς τῶν αἰώνων[호 바실류스 톤 아이오논])'를 지지한다(참고. 계 15:7). 그런데 전자가 4절의 '만국(πάντα τὰ ἔθνη[판타 타 에쓰네])'과 어울린다(참고. 렘10:7).

7. '주님의 길들(αἱ ὁδοί σου[하이 호도이 수])'은 주님 자신이 아니므로 '참되시도다'(개역개정, 바른성경)라고 존칭 어법으로 표현할 필요가 없다.

8. '정녕'은 이중 부정어 οὐ μὴ(우 메)를 번역한 것이다.

9. 4절에는 ὅτι(호티)가 이끄는 이유 종속절이 세 개나 연속적으로 등장한다(참고. KJV; Matthewson, 2016: 202, 206).

10. 주격 명사 ὁ ναός(호 나오스) 다음에 두 개의 속격 명사 τῆς σκηνῆς τοῦ μαρτυρίου(테스 스케네스 투 마르튀리우)가 뒤따른다. 이것을 직역하면, '증거의 장막의 성전'이 된다. 그런데 증거의 장막 안에 지성소가 있었으므로, '증거 장막의 지성소(ὁ ναός)'라는 번역도 가능하다(참고. 출40:1~33; 행7:44; Bratcher and Hatton, 1993: 227).

깨끗하고[11] 빛나는 세마포 옷을[12] 입고 가슴에 금띠를 두르고 있었다.

7 그때[13] 네 생물 중 하나가 영원히 살아 계신 하나님의 진노가 가득 찬 일곱 금 접시를 그 일곱 천사에게 주었다.

8 그러자 그 성전은[14] 하나님의 영광과 그분의 능력에서 나오는 연기로 가득 찼고, 일곱 천사의 일곱 재앙이 끝날 때까지는 아무도 그 성전 안에 들어갈 수 없었다.

---

11. '깨끗하고'는 καθαρὸν(카싸론)을 번역한 것이다.

12. '세마포 옷'을 '모시 옷'이라고 각주에서 추가 설명해주는 것이 좋다. 참고로, 051과 다수사본이 지지하는 '세마포 옷(λίνον[리논])' 대신, '세마포로 만든 옷 (λινοῦν[리눈])'을 지지하는 고대 대문자 사본들이 있다(p⁴⁷, 046).

13. '그때'는 접속사 καὶ(카이)를 번역한 것이다.

14. '그 성전은'은 남성 단수 주격 명사 ὁ ναὸς(호 나오스)를 번역한 것이다.

요한계시록 16장

1 그리고 나는 성전에서 나오는 큰 소리가 일곱 천사에게 하는 말을 들었다. "너희는 가서 하나님의 진노의 일곱 접시를 그 땅에 쏟아 부으라."

2 그러자 첫째 (천사)가 가서 자기[1] 접시를 땅에 쏟아 붓자, 바다짐승의 표를 지닌 자들과 바다짐승의 우상에게 경배하는 자들에게 해롭고[2] 지독한 종기가 생겼다.

3 또 둘째 (천사)가 자기 접시를 바다에 쏟아 붓자, 바다가 죽은 자의 피같이 되었고, 바다 안에 있는 모든 생물이[3] 죽었다.

4 그리고 셋째 (천사)가 자기 접시를 강들과 물샘들에[4] 쏟아 붓자, (그것들이) 피가 되었다.[5]

---

1. '자기'는 3인칭 남성 단수 속격 대명사 αὐτοῦ(아우투)를 번역한 것이다.

2. '해롭고'는 κακὸν(카콘, 'pernicious')을 번역한 것이다(Zerwick, 1993: 766).

3. 다수사본의 경우, 여성 단수 속격 명사인 ζωῆς(조에스)가 아니라 현재 능동태 분사 여성 단수 주격인 ζῶσα(조와)가 ψυχὴ(프쉬케)를 수식한다. 어느 표기이건 '생명'을 뜻한다.

4. ποταμοὺς(포타무스, '강들')와 τὰς πηγὰς τῶν ὑδάτων(타스 페가스 톤 휘다톤, '물샘들')은 복수 명사들이다.

5. p[47]과 A는 '강들과 물샘들'이 복수 주어이므로, 3인칭 단수형 동사 ἐγένετο(에게네토) 대신 3인칭 복수형 ἐγένοντο(에게논토)로 표기한다. 두 동사를 지지하는 사본의 무게는 대등하다.

5 또 나는 물을 주관하는 천사가 하는 말을 들었다. "지금도 계시고[6] 전에도 계셔오신 거룩하신 분이시여! 주님께서 의로우심은 이것들을[7] 심판하셨기 때문입니다.

6 왜냐하면 그들이 성도와 선지자들의 피를 흘렸기 때문에, 주님께서 그들에게 피를 주셔서[8] 마시게 하셨습니다. 그들이 (피를 마신 것은)[9] 마땅합니다."

7 또 나는 제단이 말하는 것을 들었다. "그렇습니다.[10] 주 전능하신 하나님! 주님의 심판들은 참되고 의롭습니다."

8 그리고 넷째 (천사)가 자기 접시를 해에 쏟아 부으니, 해에게 불로써 사람들을 태우는 (권세가) 주어졌다.[11]

9 그래서 사람들은 강한 열기에 불타버렸다. 사람들은 이 재앙들을 주관하는 권세를 가지고 계신 하나님의 이름을 모독했고, 회개하지 않

---

6. 개역개정과 달리, '지금도 계신 분(ὁ ὤν[호 온])'이 '전에도 계셔오신 분(ὁ ἦν[호 엔])'보다 먼저 언급된다.

7. 지시대명사 ταῦτα(타우타)는 '이것들을'이지(바른성경), '이렇게'(개역개정)가 아니다. '이것들을'은 첫 세 접시 심판들을 가리킨다(Matthewson, 2016: 212).

8. 사본상 아오리스트 능동태 직설법 2인칭 단수 동사 ἔδωκας(에도카스, 'you gave')가 현재 완료인 δέδωκας(데도카스, 'you have given')보다 낫다.

9. 마땅한 자들(ἄξιοί εἰσιν[악시오이 에이신])은 바로 앞의 성도와 선지자들의 피를 흘리게 한 악인들이다(Matthewson, 2016: 213).

10. '그렇습니다'는 불변화사 ναί(나이)를 번역한 것이다. 개역개정의 '그러하다'는 하나님을 향한 존칭어법에 부적합하다.

11. ἐδόθη(에도쎄)는 '주어졌다'와 같이 신적수동태의 느낌을 살려 번역할 필요가 있다.

아서[12] 주님께 영광을 드리지 않았다.

10 그리고 다섯째 (천사)가 자기 접시를 바다짐승의 보좌에[13] 쏟아 부으니, 바다짐승의 나라가 어두워졌고,[14] 사람들은 고통 때문에 자기 혀를 깨물었다.

11 그러면서도 그들은 자신의[15] 고통과 자신의 종기 때문에 하늘의 하나님을 모독하였고, 자신의 행위들을 회개하지 않았다.

12 또 여섯째 (천사)가 자기 접시를 큰 강 유프라테스에 쏟아 부으니, 그 강물이 말라서 동쪽의 왕들을 위한[16] 길이 준비되었다.

13 그리고 나는 용의 입과 바다짐승의 입과 거짓 선지자의 입에서 개구리 같은 세 더러운 (악)령이 나오는 것을 보았다.

14 그들은 표적들을 행하는 마귀의 영들이다.[17] 그들은 전능하신 하나

---

12. 아오리스트 능동태 부정사 δοῦναι(두나이)는 결과를 나타내는 부정사이다. 따라서 회개하지 않은 결과는 하나님께 영광을 돌리지 않은 것이다(Matthewson, 2016: 215; Rogers Jr. and Rogers III, 1998: 641).

13. ἐπὶ τὸν θρόνον(에피 톤 쓰로논)은 '왕좌에'(개역개정)보다 '보좌에'로 번역하는 것이 더 적절하다. θρόνος(쓰로노스)는 '보좌'라고 일관성 있게 번역하면 된다.

14. '어두워졌다' 앞에 개역개정이 추가한 '곧(즉시)'은 헬라어 원문에는 없는 것이다.

15. '자신의'는 3인칭 남성 복수 속격 대명사 αὐτῶν(아우톤)을 번역한 것이다.

16. ἡ ὁδὸς τῶν βασιλέων(헤 호도스 톤 바실레온)은 '왕들을 위한 길(the way for the kings)'이란 뜻이다(Matthewson, 2016: 216).

17. πνεύματα δαιμονίων(프뉴마타 다이모니온)은 '귀신의 영'(개역개정)이 아니라 '마귀의 영들(demonic spirits)', 곧 '악령들(evil spirits)'이란 뜻이다(Bratcher and Hatton, 1993: 236).

님의 큰 날에 있을 그 전쟁을 위하여 온 세상의 왕들을 모으려고 그들에게 갔다.

15 보라, 내가 도둑 같이 갈 것이다. 복되도다![18] 나체로 다니지 않고 자신의 부끄러움을 보이지 않으려고 자기 옷을 깨어 지키는 이여!

16 그리고 (세 악령은) 히브리어로 아마겟돈이라 불리는 곳으로 왕들을 모았다.

17 일곱째 (천사)가 자기 접시를 공중에 쏟아 붓자, 큰 음성이 성전 안의 보좌에서 나와 말하였다. "다 끝났다."[19]

18 이어서 번개들과 (요란한) 음성들과 천둥들과 큰 지진이 발생하였다. 그렇게 크고 강력한[20] 지진은 사람이 땅 위에 존재한 이래로 발생한 적이 없었다.

19 그리하여 그 큰 성은 세 부분으로 나누어졌고, 만국의 성들도 무너졌다. 큰 성 바빌론이 하나님 앞에 기억되어, 하나님께서 자신의 재앙

---

18. 문두의 μακάριος(마카리오스)를 먼저 번역하려면, 문미에서 주격('복이 있도다', 개역개정)으로 번역하기보다 문두에서 호격('복되도다!')으로 번역하는 것이 더 적절하다.

19. 완료 능동태 직설법 3인칭 단수 γέγονεν(게고넨)은 'It is done'(NIV, ESV, KJV)으로 번역된다. 마지막 일곱째 천사가 자기 접시를 쏟아 부은 후 보좌 위에서 들린 음성이므로, 하나님의 심판이 다 끝났다는 의미이다.

20. '크고 강력한'은 지시형용사 남성 단수 주격 τηλικοῦτος(텔리쿠토스)와 남성 단수 주격 형용사 μέγα(메가)를 번역한 것이다.

의[21] 진노의 포도주 잔을 바빌론에게[22] 주셨다.

20 그러자 모든 섬은 사라져버렸고, (모든) 산도 찾아볼 수 없게 되었다.[23]

21 그리고 무게가 한 달란트나 되는 큰 우박이 하늘에서 사람들에게 떨어졌다. 그래서 사람들이 그 우박의 재앙 때문에 하나님을 모독하였는데, 우박의[24] 재앙이 매우 컸기 때문이다.

---

21. '재앙의'는 여성 단수 속격 명사 τῆς ὀργῆς(테스 오르게스, 'the wrath')를 번역한 것이다. 개역개정과 바른성경은 이 명사를 '맹렬한'이라는 수식적 형용사로 의역한다. 하지만 19절에서 속격을 반복함으로써 하나님의 심판의 강력함을 수사학적으로 강조한다(Matthewson, 2016: 221).

22. '바빌론에게'는 3인칭 여성 단수 여격 대명사 αὐτῇ(아우테)를 번역한 것이다.

23. '찾아볼 수 없게 되었다'는 부정어와 아오리스트 수동태 직설법 3인칭 복수 οὐχ εὑρέθησαν(우크 휴레쎄산, 'were not found')을 번역한 것이다.

24. '우박의'는 3인칭 여성 단수 속격 대명사 αὐτῆς(아우테스)를 번역한 것이다. 선행사는 여성 단수 명사 '우박(χάλαζα[칼라자])'이다.

요한계시록 17장

1 일곱 접시를 가진 일곱 천사 중 한 명이 와서 내게 말하였다. "이리로 오라. 내가 네게 많은 물 위에[1] 앉은 큰 음녀가 받을 심판을 보여주겠다.

2 그 땅의 왕들이 그 음녀와 더불어 음행을 저질렀고,[2] 그 땅에 사는 자들도 그녀의 음행의 포도주에 취하였다."

3 그리고 그 천사는[3] 성령으로써[4] 나를 광야로 데리고 갔다. 그때 나는 붉은 빛 짐승을 타고 있는 여자를 보았다. 그 짐승 (몸에) 하나님을 모독하는 이름들이 가득하고,[5] 일곱 머리와 열 뿔을 가지고 있었다.

---

1. 천주교 성경은 '많은 물 위에' 대신에 '큰 물 곁에'라고 번역한다. 하지만 '곁에'라고 할 경우, 큰 음녀가 가지고 있는 통치의 상징적 의미를 약화시키게 된다(참고. 계17:15). 그리고 이 음녀가 많은 물 위에 앉은 것은 보좌 위에 앉으신 하나님과 어린양에 대한 패러디이다(Matthewson, 2016: 223).
2. 제르윅(Zerwick)은 접속사 $\kappa\alpha\iota$(카이, '그리고')를 관계대명사(who)로 이해하지만, 그것은 문맥상 어색하다. 왜냐하면 그 땅의 왕들과 그 땅의 거주민들은 서로 다른 인물들이기 때문이다(Zerwick, 1993: 767).
3. 개역개정은 주어를 밝히지 않기 때문에 누가 요한을 광야로 데리고 갔는지 불분명하다. 바른성경은 '그가'라고 밝히지만, 주어가 모호한 것은 마찬가지이다.
4. '성령으로써($\dot{\epsilon}\nu\ \pi\nu\epsilon\dot{\upsilon}\mu\alpha\tau\iota$[엔 프뉴마티])'는 '나를($\mu\epsilon$[메])'과 떨어져 있고, '광야로($\epsilon\dot{\iota}\varsigma\ \ddot{\epsilon}\rho\eta\mu\nu$[에이스 에레몬])'와 붙어 있다. 그러므로 천주교 성경처럼 '성령께 사로잡힌 나를'이라고 번역하는 것은 다소 설득력이 떨어진다.
5. ℵ과 A는 현재 능동태 분사 중성 복수 대격($\gamma\dot{\epsilon}\mu\nu\tau\alpha$[게몬타, 'to fill'])을 지지하

4 그 여자는 자주 빛과 붉은 빛 옷을 입었고, 금과 보석과 진주로 치장하였고, 그녀의 손에 가증한 것들과 자신의[6] 음행의 더러운 것들로 가득 찬 금잔을 가지고 있었다.

5 그리고 그녀의 이마에 '비밀, 큰 바빌론, 그 땅의 음녀들과[7] 가증한 것들의 어머니'라 기록된 이름이 있었다.

6 또 나는 그 여자가 성도의 피와 예수님의 증인들의 피에 취한 것을 보았다. 내가 그 여자를 보고 놀랐고, 크게 놀랐다.[8]

7 그때 그 천사가 내게[9] 말하였다. "너는 무엇 때문에[10] 놀랐느냐?"[11] 내

고, 다수사본은 현재 능동태 분사 중성 단수 대격($\gamma \acute{\epsilon} \mu o \nu$[게몬])을 지지한다. 전자가 사본상 큰 지지를 받고 문맥적으로도 자연스럽다.

6. '자신의'는 3인칭 여성 단수 속격 대명사 $a \mathring{v} \tau \tilde{\eta} \varsigma$(아우테스)를 번역한 것이다. 그런데 다수사본은 '그 땅의($\tau \tilde{\eta} \varsigma \gamma \tilde{\eta} \varsigma$[테스 게스])'라고 표기하지만, 이는 그 땅이 아니라 음녀를 묘사하는 문맥에 부자연스럽다.

7. $\tau \tilde{\eta} \varsigma \gamma \tilde{\eta} \varsigma$(테스 게스, '그 땅의')가 문미에 위치하여, '음녀들의 어머니($\mathring{\eta} \mu \acute{\eta} \tau \eta \rho$ $\tau \tilde{\omega} \nu \pi o \rho \nu \tilde{\omega} \nu$[헤 메테르 톤 포르논])'와 '가증한 것들($\tau \tilde{\omega} \nu \beta \delta \epsilon \lambda \nu \gamma \mu \acute{a} \tau \omega \nu$[톤 브데뤼그마톤])'을 모두 수식한다(NIV, TEV; 대조. 바른성경, ESV).

8. $\mathring{\epsilon} \theta a \acute{\nu} \mu a \sigma a \theta a \tilde{\nu} \mu a \mu \acute{\epsilon} \gamma a$(에싸우마사 싸우마 메가)를 KJV는 'I wondered with great admiration(나는 탄복하며 놀랐다)'이라 번역한다. 이 번역은 마치 요한이 큰 음녀를 보고 존경과 감탄을 한 것으로 비친다. 그러나 존경이 아니라 오싹한 느낌에 가깝다(Matthewson, 2016: 227).

9. '내게'는 1인칭 단수 여격 대명사 $\mu o \iota$(모이)를 번역한 것이다.

10. '왜'(개역개정)보다는 '무엇 때문에'가 정확하다. 전치사 $\delta \iota \grave{a}$(디아)와 의문대명사 중성 단수 대격 $\tau \acute{\iota}$(티)가 조합되었기 때문이다.

11. 아오리스트 능동태 직설법 2인칭 단수 $\mathring{\epsilon} \theta a \acute{\nu} \mu a \sigma a \varsigma$(에싸우마사스)는 '너는 놀랐는가?'이지 현재형으로 '놀라느냐?'(바른성경)가 아니다.

가 그 여자와 그녀가 타고 있던 일곱 머리와 열 뿔을 가진 짐승의 비밀을 네게 말할 것이다.

8 내가 본 그 짐승은 전에는 있었지만 지금은 없으며, 무저갱에서 올라와 멸망으로 들어갈 것이다.[12] 창세 이후로 땅에 사는 자들로서 이름이 생명책에 기록되지 못한 자들은 그 짐승을 보고 놀랄 것이다. 왜냐하면[13] 그 짐승은 전에 있었다가 지금은 없지만 장차 나타날 것이기 때문이다.

9 여기에 지혜를 가진 이가 (필요한 이유가) 있다. 일곱 머리는 일곱 산인데, 그 산들 위에 그 여자가 앉아 있다.[14] 그리고 (일곱 머리는) 일곱 왕이다.

10 다섯 (왕들)은 망하였고, 한 (왕)은 지금 있으며, 다른 한 (왕)은 아직 나타나지 않았는데, 그 (왕)이 나오더라도 반드시 잠깐만 머물 것이다.

11 그리고 전에 있었다가 지금은 없는 그 짐승 자신은[15] 여덟째 (왕)인

---

12. '들어갈 것이다'는 현재 능동태 직설법 3인칭 단수 ὑπάγει(휘파게이, '가다')가 아니라, 현재 능동태 '부정사' ὑπάγειν(휘파게인, '가다')을 번역한 것이다. 후자는 ℵ과 다수사본이 지지할 뿐만 아니라, 앞의 현재 능동태 '부정사' ἀναβαίνειν (아나바이네인, '올라가다')과도 잘 일치한다.

13. '왜냐하면'은 접속사 ὅτι(호티, 'because') 이하를 번역한 것이다.

14. '그 산들 위에 그 여자가 앉아 있다'는 ὅπου ἡ γυνὴ κάθηται ἐπ᾽ αὐτῶν(호푸 헤 귀네 카쎄타이 에프 아우톤)을 번역한 것이다. 개역개정은 '또 일곱 왕이라 (καὶ βασιλεῖς ἑπτά εἰσιν[카이 바실레이스 헤프타 에이신])'를 10절에서 번역하지만, 헬라어 원문에는 9절에 위치한다.

15. '자신은'은 3인칭 남성 단수 강의대명사 αὐτός(아우토스)를 번역한 것이다. '짐승(τὸ θηρίον[토 쎄리온])'은 중성이지만, 중성 명사 짐승이 남성 '왕'을 가리키

데, 동시에[16] 일곱 왕 가운데 속한 자이며, 멸망으로 들어갈 것이다.

12 또 네가 본[17] 열 뿔은 열 왕인데, 그들은 아직 왕권을[18] 받지 못했으나, 잠시 동안 그 짐승과 함께 왕들처럼[19] 권세를 (받을 것이다).

13 이들이[20] 한 마음이 되어,[21] 자신의 능력과 권세를 그 짐승에게 줄 것이다.[22]

14 이들은 어린양과 싸울 것이지만, 어린양께서 그들을 이기실 것이다. 왜냐하면 어린양께서는 만주의 주시요 만왕의 왕이시기 때문인데, 어린양과 함께 있는 부름 받고 택함 받은 신실한 이들도 (그들을)[23] 이길 것이다."

기에, '남성' 강의대명사가 사용되었다(Matthewson, 2016: 232).

16. '동시에'는 καὶ(카이)를 번역한 것이다(참고. Zerwick, 1993: 768).

17. '네가 본'은 아오리스트 능동태 직설법 2인칭 단수 εἶδες(에이데스)를 번역한 것이다. 개역개정은 현재동사 '네가 보던'이라고 오역한다.

18. '왕권을'은 βασιλείαν(바실레이안)을 번역한 것이다. '왕권'이 '나라'(개역개정, 바른성경)보다 나은 번역이다(참고. 계1:6). 왜냐하면 뒤에 '나라'가 아니라 왕들의 권세, 즉 왕권이 소개되기 때문이다(RSV, ESV).

19. '왕들처럼'은 ὡς βασιλεῖς(호스 바실레이스)를 번역한 것이다. 개역개정은 '임금처럼'이라고 단수형으로 번역한다.

20. 지시대명사 남성 복수 주격 οὗτοι(후토이)는 '이들이'이다

21. μίαν γνώμην ἔχουσιν(미안 그노멘 에쿠신)을 직역하면, '그들이 한 뜻(의견, 목적)을 가지고 있다'가 된다.

22. 음녀 바벨론이 타고 있는 짐승의 머리에 있는 열 뿔은 아직 왕권을 받지 못했기에, 열 뿔이 그 짐승에게 능력과 권세를 넘겨주는 것은 미래의 일이다.

23. 14절의 '이들(οὗτοι[후토이])'과 '그들(αὐτούς[아우투스])'은 음녀가 타고 있는 짐승과 열 뿔을 가리킨다(Bratcher and Hatton, 1993: 250).

15 그때 그 천사가[24] 내게 말하였다.[25] "네가 본 음녀가 앉아 있는 물들은 백성들과 무리들과 나라들과 언어들이다.[26]

16 또 네가 본 열 뿔과 그 짐승, 곧 이들은[27] 그 음녀를 미워하여 그녀를[28] 황폐하게 만들고, 벌거벗기며, 그녀의 살을 먹고, 그녀를 완전히 불살라버릴 것이다.

17 왜냐하면 하나님께서 열 뿔의[29] 마음 안에[30] 주님의 뜻을[31] 행하도록 (의지를) 주셨기 때문이며, 하나님의 말씀들이 이루어질 때까지[32] 열

---

24. '그 천사가'는 17장 1절에서 일곱 접시를 가진 일곱 천사 중 한 명을 가리킨다 (공동번역, ESV, NIV, TEV). 따라서 개역개정과 바른성경 그리고 천주교 성경처럼, '천사가'라고 막연하게 번역할 수 없다(Bratcher and Hatton, 1993: 251).

25. 내러티브 현재 동사 λέγει(레게이)는 과거시제로 번역하는 것이 자연스럽다.

26. 15절의 '물', '백성', '무리', '나라', '언어'는 모두 복수 명사들로서, 열방을 가리킨다.

27. '이들은'은 지시대명사 남성 복수 주격 οὗτοι(후토이)를 번역한 것인데, 중성 명사 '열 뿔'과 '짐승'을 인격화한 것이다. 따라서 개역개정과 바른성경처럼, '이 열 뿔'이라고 번역할 수 없다(Matthewson, 2016;228, 234).

28. 개역개정이 번역하지 않는 '그녀를'은 3인칭 여성 단수 대격 대명사 αὐτὴν(아우텐)을 번역한 것이다.

29. '열 뿔의'는 αὐτῶν(아우톤, '그들의')을 번역한 것인데, 독자들이 '그들의'가 누구를 가리키는지 쉽게 파악하도록 의역한 것이다.

30. '마음 안에'는 εἰς τὰς καρδίας(에이스 타스 카르디아스)를 번역한 것이다. 이 '마음들'의 소유자는 열 뿔이지 하나님이 아니다.

31. τὴν γνώμην αὐτοῦ(텐 그노멘 아우투)는 '한 뜻'(개역개정, 바른성경)이 아니라 '주님의 뜻'이다.

32. '이루어질 때까지'는 미래 수동태 직설법 3인칭 복수 τελεσθήσονται(텔레스쎄

뿔의 왕권을 그 짐승에게 주게 하셨기 때문이다.

18 네가 본 그 여자는 땅의 왕들을 다스리는 왕권을[33] 가지고 있는 큰 성이다."

손타이)를 번역한 것이다. 하지만 다수사본은 아오리스트 수동태 가정법 3인칭 복수 τελεσθῶσιν(텔레스쏘신)으로 표기한다. 그러나 계시록에서는 가정법 동사 대신 미래 직설법 동사가 자주 사용된다.

33. '왕권을'은 βασιλείαν(바실레이안)을 번역한 것이다(ESV, RSV).

요한계시록 18장

1 이 일들 후에 나는 큰 권세를 가진 다른 천사가 하늘에서 내려오는 것을 보았는데, 그의 영광[1] 때문에 땅이 환해졌다.

2 그 천사가 힘찬 소리로 외쳤다. "무너졌다, 무너졌다, 큰 바빌론이여! 큰 바빌론은 악령들의 거처가 되었고, 온갖 더러운 영의 소굴과 온갖[2] 더럽고 혐오스런 새의 소굴이 되고 말았다.[3]

3 왜냐하면 만국이 그녀의 음행의 진노의 포도주 때문에 무너졌고,[4] 땅의 왕들이 그녀와 더불어 음행했으며, 땅의 상인들도 그녀의 사치스

---

1. τῆς δόξης(테스 독세스)를 '영광'(ESV, KJV)이 아니라 '광채'로 의역한 경우가 더러 있다(천주교 성경, NIV, RSV, TEV).

2. 바른성경은 παντός(판토스, '온갖')를 번역하지 않는다.

3. ℵ, C 그리고 다수사본은 2절 하반부에 있는 καὶ φυλακὴ παντὸς θηρίου ἀκαθάρτου(카이 퓔라케 판토스 쎄리우 아카싸르투, '온갖 더러운 짐승의 소굴이 되었다')를 생략한다. 천주교 성경과 ESV와 NRSV 등이 이 긴 표현을 포함하고 있지만, 이는 사본상 지지가 매우 약하다. 그러나 앞에 등장한 유사한 단어들 때문에 필사자가 이 긴 표현을 실수로 삭제했다는 주장에 대해서는 Matthewson, 2016: 238을 보라.

4. 개역개정은 ℵ, A, C, 다수사본의 πεπτώκασιν(페프토카신, '무너졌으며')을 따른다. 이 표현은 문맥상 2절의 큰 바빌론의 패망과 잘 어울린다. 그러나 천주교 성경과 바른성경은 사본상 지지가 매우 빈약한 '마셨고(πέπωκαν[페포칸])'라고 번역한다(참고. 렘25:15).

런 세력으로써[5] 부자가 되었기 때문이다."

4 또 나는 하늘로부터 난 다른 음성이 말하는 것을 들었다. "내 백성아, 그녀에게서[6] 나오라. 너희가 그녀의 죄들에 참여하지 않고, 그녀가 받을 재앙들을 받지 않도록 하기 위함이다.[7]

5 왜냐하면 그녀의 죄들은[8] 하늘에까지 닿았고, 하나님께서 그녀의 불의한 일들을 기억하셨기 때문이다.

6 너희는[9] 그녀가 (너희에게) 준 대로 그녀에게 갚아 주라. 그리고 너희는 그녀의 행위를 따라 두 배로 갚아 주라.[10] 그리고 너희는 그녀가 섞은

---

5. 바른성경이 번역하지 않는 '세력으로'는 ἐκ τῆς δυνάμεως(에크 테스 뒤나메오스)를 번역한 것이다.

6. '그녀에게서'는 ἐξ αὐτῆς(엑스 아우테스)를 번역한 것이다. 개역개정은 인칭대명사가 아니라 장소의 부사처럼 '거기서'라고 번역한다.

7. 천주교 성경과 개역개정은 4절 하반부를 '참여하지 말고 … 받지 말라'는 명령형으로 번역한다. 그러나 이는 명령이 아니라 '목적'의 가정법 구문이다.

8. αὐτῆς αἱ ἁμαρτίαι(아우테스 하이 하마르티아이)는 '그녀의 죄들은'이다. 개역개정처럼 3인칭 남성 단수 속격 명사('그의')와 단수 명사('죄')의 조합인 '그의 죄'로 번역하는 것은 매우 모호하다.

9. 6절에 2인칭 복수 명령형이 세 개나 등장한다. 따라서 '너희는'이라는 명령형 동사들의 주어를 밝혀야 독자가 쉽게 의미를 파악할 수 있다. 그런데 이런 2인칭 복수 주어가 개역개정에는 빠져있다. '너희'는 큰 바빌론에서 나와야 할 하나님의 백성이라기보다, 그 성을 파괴할 천사들이나 열 뿔(계17:16)로 추정된다(Bratcher and Hatton, 1993: 259).

10. διπλώσατε τὰ διπλᾶ(디플로사테 타 디플라)를 '두 배로 갚아 주라'가 아니라 (참고. 사40:2; 렘16:18), '동일한 분량 그대로 갚아 주라'고 이해한 경우에 대해서는 Matthewson, 2016: 242를 보라.

잔 안에, 두 배로 (진하게)[11] 섞어 그녀에게 주라.

7 그녀가 자신을 영화롭게 하고 사치한 만큼, 너희는 그녀에게[12] 그 정도의 고통과 슬픔으로 갚아 주라. 왜냐하면[13] 그녀는 자기 마음속으로 '나는 여왕으로서 앉아 있고, 나는 과부가 아니며, 나는 결코 슬픔을 보지 않을 것이다'라고 말하기 때문이다.

8 그러므로 하루 사이에 재앙들이 그녀에게[14] 닥칠 것인데, 곧 사망과 슬픔과 굶주림이며,[15] (그녀는) 완전히 불에 타 버릴 것이다. 왜냐하면 그녀를 심판하시는 주 하나님께서는 강하시기 때문이다."

9 그녀와 함께 음행하고 사치하던 땅의 왕들이 그녀의 불타는 연기를 볼 때, 그녀 때문에[16] 울고 가슴을 칠 것이다.

10 그들은 그녀의 고통이 무서워서 멀찍이 서서 말한다. "화 있도다, 화 있도다, 큰 성, 강한 성, 바빌론아! 삽시간에[17] 너의 심판이 임하였다."

---

11. 6절 문미의 중성 단수 대격 형용사 $\delta\iota\pi\lambda o\hat{\upsilon}\nu$(디플룬)은 두 배라는 양이 아니라 '갑절로 독한 술'(천주교 성경)의 강도를 가리킨다('twice as strong'; 참고. 계 14:10; Bratcher and Hatton, 1993: 260).

12. '그녀에게'는 $\alpha\dot{\upsilon}\tau\hat{\eta}$(아우테)를 번역한 것이다.

13. '왜냐하면'은 $\ddot{o}\tau\iota$(호티)를 번역한 것이다.

14. '그녀에게'는 3인칭 여성 단수 속격 대명사 $\alpha\dot{\upsilon}\tau\hat{\eta}\varsigma$(아우테스)를 의역한 것이다.

15. '굶주림($\lambda\iota\mu\acute{o}\varsigma$[리모스])'이라는 번역이 '흉년'(개역개정)이나 '기근'(바른성경)이라는 번역보다 쉽고 자연스럽다.

16. '그녀 때문에'는 $\dot{\epsilon}\pi'$ $\alpha\dot{\upsilon}\tau\grave{\eta}\nu$(에프 아우텐)을 번역한 것이다.

17. $\mu\iota\hat{\alpha}$ $\ddot{\omega}\rho\alpha$(미아 호라, '한 시간 동안')를 '삽시간에'(천주교 성경)라고 의역하면, 그 의미가 보다 분명해진다.

11 또 땅의 상인들이 그녀 때문에[18] 울고 슬퍼할 것인데, 아무도 그들의 상품을 더 이상 사지 않기 때문이다.

12 그 상품은 금과 은과 보석과 진주들과[19] 고운 베와 자주색 옷감과 비단과 붉은 옷감이고, 온갖 향나무와 온갖 상아 그릇과 매우 값진 나무와[20] 구리와 철과 대리석으로 만든 물건이고,

13 계피와 향료와 향과 향유와 유향과 포도주와 올리브기름과 고운 밀가루와 밀과 소와 양과 말과 마차와 노예들, 곧 사람들의 목숨들이다.[21]

14 네 영혼이 탐내던 열매가 네게서 떠났고, 온갖 사치스러운 것들과[22]

---

18. '그녀 때문에'는 ἐπ' αὐτήν(에프 아우텐)을 번역한 것이다. 물론 '그녀를 위하여 (over her)'라고 번역하는 것도 가능하다.

19. '진주들(μαργαριτῶν[마르가리톤])'은 남성 '복수' 속격 명사이다.

20. A는 '나무(ξύλου[크쉴루])' 대신에 '돌(λίθου[리쑤])'이라고 표기하지만, 사본상 지지가 매우 약하다. 12절 끝 부분에 비싼 돌, 즉 '대리석'이 등장한다.

21. '노예들, 곧 사람들의 목숨들이다'는 σωμάτων καὶ ψυχὰς ἀνθρώπων(소마톤 카이 프쉬카스 안쓰로폰)을 번역한 것이다. σωμάτων(소마톤) 다음에 동격을 알리는 쉼표(,)가 있다. 요한 당시에 노예무역이 성행했고, 그것은 '사람들의 목숨들'을 매매하는 것이었다(Bratcher and Hatton, 1993: 264; Matthewson, 2016: 248).

22. 중성 복수 주격 형용사 λιπαρά(리파라)를 개역개정은 '맛있는 것들'로 번역하지만, 사실 이것은 '비싼 것들', 즉 '사치스런 것들'을 가리키는 것이다. 참고로, 14절에서 개역개정은 '바벨론아'라고 시작하지만, 이 단어는 헬라어 원문에는 없다.

화려한 것들이 네게서 망하였으니,[23] 사람들이 그것들을[24] 결코[25] 찾아 볼 수 없을 것이다.

15 바빌론 덕분에 부자가 된 이 상품들의[26] 상인들은 그녀의 고통을 무서워하여 멀찍이 서서 울고 슬퍼하며,

16 이렇게 말할 것이다.[27] "화 있도다, 화 있도다, 큰 성이여! 고운 베옷과 자주색 옷과 붉은색 옷을 입고, 금과 보석과 진주로써 꾸몄는데

17 그렇게 많던 재물이 삽시간에 파멸되어 버렸다." 그리고 모든 선장과 각처를 다니는[28] 모든[29] 선객과 선원들과 바다에서 일하는 자들이 멀찍이 서서

18 그녀를 불태우는 연기를 보고 외치기 시작하였다.[30] "그 큰 성과 같

---

23. 아오리스트 중간태 직설법 3인칭 단수 ἀπώλετο(아폴레토)는 '사라졌다' 또는 '없어졌다'라기보다 '(네게서) 망했다'라는 의미이다('has perished from you'; Matthewson, 2016: 244).

24. 3인칭 중성 복수 대격 대명사 αὐτὰ(아우타)는 '이것들을'(개역개정)이 아니라 '그것들을'이다.

25. '결코'는 이중 부정어 οὐ μὴ(우 메)를 번역한 것이다.

26. '이 상품들의'는 지시대명사 중성 복수 속격 τούτων(투톤, '이것들의')을 번역한 것이다. 바른성경은 이 지시대명사를 번역하지 않는다.

27. 현재 능동태 분사 남성 복수 주격 λέγοντες(레곤테스)는 '이렇게 말할 것이다'(천주교 성경)라고 의역하는 것이 적절하다. 왜냐하면 음녀 바빌론의 파멸은 현재가 아니라 미래적 사건이기 때문이다.

28. '각처를 다니는'은 ἐπὶ τόπον πλέων(에피 토폰 플레온, 'he who sails for any place')을 번역한 것이다(Matthewson, 2016: 250).

29. 개역개정은 17절의 두 번째 '모든(πᾶς[파스])'을 번역에서 생략한다.

30. 미완료 동사 ἔκραζον(에크라존)은 과거진행보다는 개시적인(inceptive) 의미

은 성이 어디 있었는가?"

19 또 그들은 자신의 머리에 티끌을 뿌리고 울고 슬퍼하며 외쳤다. "화 있도다, 화 있도다, 큰 성이여! 바다에 배를 가진 모든 자들이 그녀 의[31] 부요함 덕분에 부자가 되었건만, 그녀가 삽시간에 파멸되었기 때문이다.

20 하늘과 성도와 사도와 선지자들이여! 그 여자 때문에 기뻐하라. 왜 냐하면 하나님께서 너희를 위하여 그 여자를 심판하셨기 때문이다."

21 또 한 힘센 천사가 큰 맷돌 같은 돌을 들어 바다에 던지며 말하였다. "이와 같이 큰 성 바빌론이 폭력적으로[32] 던져질 것이며, 결코 그 성 이 다시는 보이지 않을 것이다.

22 그리고 하프 연주자들과 노래 부르는 자들과 피리 부는 자들과 나팔 부는 자들의 소리가 결코 다시는 네 안에서 들리지 않을 것이고, 온 갖 기술을[33] 가진 장인들도 결코 다시는 네 안에서 보이지 않을 것이 며, 맷돌 소리가 결코 다시는 네 안에서 들리지 않을 것이다.

23 또 등불 빛도 결코 다시는 네 안에서 비치지 않을 것이고, 신랑과 신 부의 소리도 결코 다시는 네 안에서 들리지 않을 것이다. 왜냐하면 너의 상인들은 땅의 세력가들이었기[34] 때문이고, 모든 나라가 너의

이다(Rogers Jr. and Rogers III, 1998: 645).

31. '그녀의'는 αὐτῆς(아우테스)를 번역한 것이다. 개역개정은 '너의'라고 오역한다.

32. '폭력적으로'는 중성 단수 방식의 여격(dative of manner) 명사 ὁρμήματι(호 르메마티, '폭력적인 돌진')를 번역한 것이다.

33. '기술을'은 여성 단수 속격 명사 τέχνης(테크네스)를 번역한 것이다.

34. '세력가들'은 남성 복수 주격 명사 μεγιστᾶνες(메기스타네스, 'great men')를

점술에 미혹되었기 때문이다.

24 또 선지자들과 성도와 땅에서 죽임을 당한 모든 이들의 피가 그 성 안에서 발견되었기 때문이다."

번역한 것이다.

요한계시록 19장

1 이 일들 후에 나는 하늘에 많은 무리의 큰 음성 같은 것이 말하는 것을 들었다. "할렐루야! 구원과 영광과 능력은 우리 하나님의 것입니다.

2 왜냐하면 주님의 심판들은 참되고 의롭기 때문입니다. 그리고 주님께서 자신의 음행으로써 그 땅을 파괴한[1] 큰 음녀를 심판하셨고, 그녀의 손에 묻은[2] 주님의 종들의 피를 갚아주셨기 때문입니다."

3 그리고 그들은 두 번째로 말하였다. "할렐루야! 실제로[3] 그녀를 (태우는) 연기가[4] 영원히 올라갑니다."

4 그러자 이십 사 장로와 네 생물이 엎드려 보좌에 앉으신 하나님께 경배하며 말하였다. "아멘 할렐루야!"

---

1. 미완료 능동태 직설법 3인칭 단수 ἔφθειρεν(에프쎄이렌)은 '파괴하다' 혹은 '더럽히다'라는 의미이다. 그런데 3절에서 하나님께서 음녀 바빌론을 심판하시어 영원한 파멸의 연기가 올라가므로, '파괴하다'가 더 적절하다.
2. 전치사구 ἐκ χειρὸς αὐτῆς(에크 케이로스 아우테스)를 직역하면, '그녀의 손으로부터'가 된다. 따라서 음녀는 자기 손으로 하나님의 종들의 피를 흘렸던 것이다(참고. 계18:24; Matthewson, 2016: 257).
3. καὶ(카이)는 '실제로(indeed)'라는 부사로 번역하는 것이 적절하다(Matthewson, 2016: 258).
4. 개역개정의 '그 연기'는 매우 모호하고 부정확하다. ὁ καπνὸς αὐτῆς(호 카프노스 아우테스)를 직역하면, '그녀의 연기'이다.

5 그때 보좌에서 음성이 나와 말하였다. "하나님의 모든 종들, 곧⁵ 주님을 경외하는 작은 사람들과 큰 사람들아,⁶ 너희는 우리 하나님을 찬송하라."

6 또 나는 많은 무리의 소리와 같고 많은 물의 소리와 같고 강한⁷ 천둥의 소리와 같은 것이 말하는 것을 들었다. "할렐루야! 왜냐하면 주 우리⁸ 하나님, 곧 전능하신 분께서 계속 통치하시기 때문이다.⁹

7 우리가 즐거워하고 크게 기뻐하며 주님께 영광을 돌리자.¹⁰ 왜냐하면 어린양의 혼인(날)이 이르렀고 그분의 신부가¹¹ 자신을 준비하였으므로,

8 그 신부에게 빛나고 깨끗한 고운 모시옷을 입는 것이 허락되었다. 왜

---

5. '곧'은 A, 051, 다수사본이 지지하는 접속사 καὶ(카이)를 번역한 것이다.

6. '주님을 경외하는 이들'은 '작은 사람들과 큰 사람들'이다. 따라서 개역개정처럼 이 둘을 별개의 그룹처럼 번역하는 것은 어색하다(Bratcher and Hatton, 1993: 274).

7. 개역개정이 번역하지 않은 '강한'은 여성 복수 속격 명사 βροντῶν(브론톤, '천둥들')을 수식하는 여성 복수 속격 형용사 ἰσχυρῶν(이스퀴론)을 번역한 것이다.

8. '우리(ἡμῶν[헤몬])'가 포함되는 것이 자연스럽다.

9. 아오리스트 능동태 직설법 3인칭 단수 ἐβασίλευσεν(에바실류센)은 지속적 아오리스트이다. 물론 개시적 아오리스트로도 볼 수 있는데, 그럴 경우에는 '다스리기 시작하셨다'가 된다(천주교 성경).

10. '돌리자(드리자)'는 아오리스트 능동태 가정법 1인칭 복수 청원형 동사 δῶμεν(도멘)을 번역한 것인데, 이는 א과 다수사본의 지지를 받는다. 하지만 P와 소수 소문자 사본이 지지하는 미래 능동태 직설법 1인칭 복수 δώσωμεν(도소멘, 'we will give')은 문맥에 적절하지 않다.

11. 결혼식 당일이므로 γυνὴ(귀네)는 '아내'보다 '신부'가 더 적절하다.

냐하면 그 고운 모시옷은 성도의 옳은 행실들이기 때문이다."

9 또 (그 천사가) 내게 말하였다. "너는 기록하라. 복되도다! 어린양의 결혼 잔치에 초대 받아온[12] 이들이여!" 또 (그 천사는) 내게 말하였다. "이 것들은 하나님의 참된 말씀들이다."

10 그때 나는 천사의[13] 두 발 앞에 엎드려 그에게[14] 경배하려 하였다. 그 러자 그는 내게 말하였다. "보라, 안 된다. 나는 너와 예수님의 증언 을 가진 네 형제와 함께 일하는 종일뿐이다. 너는 하나님께 경배하 라. 왜냐하면 예수님을 증언하는 것은[15] 예언의 영이기 때문이다."

11 그리고 나는 하늘이 열려져 있는[16] 것을 보았다. 보라, 흰 말과 그것 을 탄 분께서 계셨는데, 그분께서는 신실과 진실이라 불리시고,[17] 그

---

12. '초대 받아온'은 '현재 완료' 수동태 분사 남성 복수 주격 *κεκλημένοι*(케클레메 노이, 'have been invited')를 번역한 것이다(Bratcher and Hatton, 1993: 276).

13. '천사의'는 *αὐτοῦ*(아우투)를 번역한 것이다. 개역개정은 '그'라고 번역하는데, '그'가 무엇을 가리키는지 알 수가 없다.

14. 3인칭 남성 단수 여격 대명사 *αὐτῷ*(아우토)는 '그에게'인데, 개역개정은 이것 을 번역하지 않는다.

15. '예수님을 증언하는 것은'은 *μαρτυρία Ἰησοῦ*(마르튀리아 이에수)에서 *Ἰησοῦ* (이에수)를 주어적 속격(예수님께서 증언하시는 것은)이 아니라, 목적어적 속격 으로 번역한 것이다. 따라서 예언의 영(the spirit of prophecy)을 가지고 있는 요한과 요한의 형제들, 그리고 천사는 예수님을 증언해야 한다(Matthewson, 2016: 263; Bratcher and Hatton, 1993: 278).

16. '열려져 있는'은 아오리스트 수동태가 아니라 현재 완료 수동태 분사 남성 단수 대 격 *ἠνεῳγμένον* (에네오그메논, 'has been opened')을 번역한 것이다.

17. 사본상 지지를 고려하면, 원문에 나오는 현재 수동태 분사 남성 단수 주격 *καλούμενος*(칼루메노스, '불리시고')를 번역해 주어야 한다.

분께서는 정의로써 심판하시고 싸우신다.

12 그분의 두 눈은[18] 불꽃 같고,[19] 그분의 머리에는 작고 많은 왕관들이[20] 있었는데, 그분 외에는 아무도 결코 알 수 없는 이름이 (그분 몸에)[21] 적혀 있었다.

13 또 그분께서는 피로 물들여진[22] 옷을 입었는데, 그분의 이름은 하나님의 말씀이라 불린다.

14 그리고 하늘에 있는 군대들이 희고 깨끗한 고운 모시옷을 입고 흰 말들을 타고 그분을 따르고 있었다.[23]

15 또 그분의 입에서 나라들을 쳐부수기 위한 날카로운 칼이 나오고, 친히 나라들을 쇠막대기로 다스리시고, 친히 전능하신 하나님의[24] 재

---

18. οἱ ὀφθαλμοὶ αὐτοῦ(호이 옵쌀모이 아우투)는 '그 눈'(개역개정)이 아니라 '그분의 눈들'이다.

19. '같고(ὡς[호스])'는 A와 일부 소문자 사본의 지지만을 받지만, 문맥상 원문에 있는 것으로 보아야 한다.

20. 중성 복수 주격 명사 διαδήματα(디아데마타)는 '작은 왕관들'을 가리킨다.

21. '그분 몸에'는 문맥상 적절한 첨가어이다(계19:16; Bratcher and Hatton, 1993: 280).

22. 현재 완료 '수동태' 분사 중성 단수 대격 βεβαμμένον αἵματι(베밤메논 하이마티, 'having been dipped')는 '피로 물들여진'이지, 능동태 '피 뿌린'(개역개정)이 아니다(참고. 사63:1~6).

23. '따르고 있었다'는 미완료 능동태 직설법 3인칭 단수 ἠκολούθει(에콜루쎄이)를 번역한 것이다.

24. τοῦ παντοκράτορος(투 판토크라토로스)는 바로 앞의 τοῦ θεοῦ(투 쎄우)를 수식하기 때문에, 적절한 번역은 '전능하신 하나님의'이다. 그러나 이 둘을 개역개정처럼 동격으로 봐도 무방하다(Matthewson, 2016: 268).

앙의 진노의 포도주 틀을 밟으실 것이다.

16 그분의 옷과 그분의 넓적다리에[25] 이름이 기록되어 있었다. '만왕의 왕 그리고 만주의 주'

17 또 나는 한 천사가 태양 안에 서 있는 것을 보았는데, 그 천사가 공중에 날아다니는 모든 새들에게 큰 소리로 외쳤다. "오라,[26] 너희는 하나님의 큰 잔치에 모여

18 왕들의 살과 천부장들의[27] 살과 강한 자들의[28] 살과 말들과 그것들을 탄 자들의 살과 모든 자유인들과 종들 그리고 작은 자들과 큰 자들의 살을 먹어라."

19 또 나는 바다짐승과 땅의 왕들과 그들의 군대들이 그 말 위에 타신 분과 그분의 군대에 맞서 그 전쟁을 위해 모인 것을 보았다.

20 그러다가 바다짐승이 잡히고 바다짐승 앞에서 표적들을[29] 행한 거짓 선지자도 함께 붙잡혔다. 거짓 선지자는 바다짐승의 표를 받고 바다짐승의 우상에게 경배하는 자들을 표적들로써 미혹하였다. 그 둘은 산 채로 유황이 타오르는 불 못에 던져졌다.

---

25. 남성 단수 대격 명사 μηρὸν(메론, 'thigh')은 '다리(leg)'(개역개정)가 아니라 '넓적다리'를 가리킨다.

26. Δεῦτε(듀테, '오라')는 명령적 의미를 가진 부사이다.

27. 남성 복수 속격 명사 χιλιάρχων(킬리아르콘)은 천부장들이다(Rogers Jr. and Rogers III, 1998: 647).

28. 남성 복수 속격 형용사 ἰσχυρῶν(이스퀴론)은 '강한 자들의'이지 '장수들의'가 아니다.

29. τὰ σημεῖα(타 세메이아, '표적들')는 중성 복수 명사이다.

21 그리고 그 남은 자들은 흰 말 타신 분의 입에서 나온 칼로써 죽임을 당하였고, 모든 새들이 그들의 살로 배부르게 되었다.[30]

---

30. ἐχορτάσθησαν(에코르타스쎄산, 'were satisfied')은 아오리스트 '수동태' 직설법 3인칭 복수형이다.

요한계시록 20장

1 또 나는 한 천사가 무저갱의 열쇠와 큰 사슬을[1] 자기 손에 들고 하늘로부터 내려오는 것을 보았다.

2 그 천사가 용, 곧 마귀와 사탄인 옛 뱀을[2] 붙잡아 천 년 동안 결박하였다.

3 그리고 그 천사는 용을 무저갱에 던져 (그곳을) 잠그고 용(이 갇힌 무저갱) 위에다[3] 봉인하여, 천 년이 찰 때까지 용이 만국을 미혹하지 못하게

---

1. 여성 단수 대격 명사 ἄλυσιν(할뤼신)은 '사슬(chain)' 혹은 '수갑(handcuff)'을 가리킨다. 따라서 이 사슬의 재질이 쇠나 금속이라는 것은 독자가 추론할 뿐이다 (Bratcher and Hatton, 1993: 285).

2. 요한은 '옛 뱀(ὁ ὄφις ὁ ἀρχαῖος[호 오피스 호 아르카이오스])' 다음에 관계대명사 남성 단수 주격(ὅς[호스])을 사용하여 '마귀와 사탄(Διάβολος καὶ ὁ Σατανᾶς[디아볼로스 카이 호 사타나스])'이라고 설명한다. 그런데 051, 046, ℵ, 다수사본은 대격 '용을(τὸν δράκοντα[톤 드라콘타])'에 맞추어, '옛 뱀'도 주격(ὁ ὄφις ὁ ἀρχαῖος) 대신에 대격(τὸν ὄφιν τὸν ἀρχαῖον[톤 오핀 톤 아르카이온])으로 표기한다. 사본상의 지지와 문맥을 고려할 때, 이러한 대격을 원본으로 볼 수 있다(참고. Matthewson, 2016: 273).

3. 전차사구 ἐπάνω αὐτοῦ(에파노 아우투)를 직역하면 'over him'이다. 여기서 남성 단수 속격 αὐτοῦ(아우투)는 여성 명사 '무저갱'이 아니라, 남성 명사 '용'을 가리킨다. 그래서 ESV는 'sealed it(무저갱) over him(용)'이라고 정확하게 의역한다. 그러므로 개역개정과 바른성경이 번역하는 '그 위에'는 모호하기 때문에 의역이 필요하다.

했다. 이 일들 후에 용은 반드시 잠시 놓일 것이다.

4 또 나는 보좌들을 보았는데, 그것들 위에 앉은 사람들이 앉아 있었고, 심판하는 (권세가) 그들에게 주어졌다. 그리고 나는 예수님을 증언함과 하나님의 말씀 때문에 목 베임을 당한 이들의 영혼을 보았다. 그들은[4] 바다짐승과 그 짐승의 우상에게 경배하지 않고, 자신들의 이마와 손에 (바다짐승의) 표를 받지 않고 살아나서, 그리스도와[5] 함께 천 년 동안 다스렸다.

5 그 나머지 죽은 자들은 천 년이 찰 때까지 살아나지 못했다.[6] 이것은 첫째 부활이다.

6 복되고 거룩하도다! 그 첫째 부활에 참여하는 이여! 이 사람들 위에[7] 둘째 사망은 아무런 권세를 부리지 못한다. 오히려 그들은 하나님과 그

---

4. 관계대명사 남성 복수 주격 οἵτινες(호이티네스)는 목 베임을 당한 순교자들을 선행사로 취하므로, '그들은'이라는 번역은 적절하다. 그들은 말씀을 증거했던 순교자들일 뿐만 아니라, 바다짐승, 곧 황제 숭배를 거부한 이들이기도 하다 (Matthewson, 2016: 275~276).

5. τοῦ Χριστοῦ(투 크리스투)를 고유 명사(proper noun) 대신 호칭(title)으로 볼 경우, '그 그리스도'로 번역하는 것이 적절하다(참고. 계20:6; Bratcher and Hatton, 1993: 288).

6. 요한계시록 20장 5절의 첫 문장은 괄호로 처리되지만, 헬라어 원문에는 괄호가 없으며 각주에 본문비평 사항이 언급되지 않는다. 따라서 한글성경에서 괄호를 제거하면 된다.

7. '이 사람들 위에(ἐπὶ τούτων[에피 투톤])'는 6절의 둘째 문장의 문두에 위치하여 강조된다. 이것을 한글번역의 어순에 반영해야 한다.

리스도의 제사장들이 되어 그리스도와 함께 천 년[8] 동안 다스릴 것이다.

7 천 년이 차면, 사탄이 자기 감옥에서 풀릴 것이다.

8 사탄이 나와서 땅의 사방에 있는 나라들,[9] 곧 곡과 마곡을 속여서, 그들을 그 전쟁을 위해 모을 것이다.[10] 그들의 수는 바다 모래와 같다.

9 그들은 땅의 넓은 평지로[11] 올라와서 성도의 진영, 곧[12] 사랑받는[13] 성을 둘러쌓다. 그러나 불이 (하나님으로부터)[14] 하늘에서 내려와 그들을

---

8. NTG 28의 τὰ(타)는 중성 복수 대격 명사 '천 년(χίλια ἔτη[킬리아 에테])' 앞에 위치한다. ℵ과 046 등이 이러한 정관사를 지지하며, 문맥상 요한계시록 20장 3절과 7절에서도 이러한 정관사가 등장한다(Matthewson, 2016: 277).

9. τὰ ἔθνη(타 에쓰네)를 개역개정은 '백성'이라 번역하지만, 그보다는 '나라들', 곧 만국을 가리키는 것으로 봐야 한다.

10. 8절의 '그 전쟁'(τὸν πόλεμον[톤 폴레몬])'은 요한계시록 16장 14절과 19장 19절에도 등장하므로, 각기 다른 전투들이 아니라 동일한 사건이다(참고. Strimple, 1999: 125).

11. τὸ πλάτος τῆς γῆς(토 플라토스 테스 게스)는 '그 땅의 넓은 평지(the broad plain of the land)'라는 뜻이다(참고. Matthewson, 2016: 278).

12. 접속사 καὶ(카이)는 '곧'으로 번역해야 한다. 왜냐하면 '성도의 진영'과 '사랑받는 성'은 두 개의 다른 실체를 가리키지 않고, 교회라는 하나의 동일한 실체이기 때문이다.

13. '그 성(τὴν πόλιν[텐 폴린])'을 뒤에서 수식하는 아오리스트 수동태 여성 단수 대격 분사 ἠγαπημένην(에가페메넨)은 '사랑받는'이라는 뜻이다. 개역개정처럼 '사랑하시는'으로 의역하려면, 주어 '하나님께서'를 추가해야 한다(참고. 공동번역).

14. ℵ과 P는 '하늘에서(ἐκ τοῦ οὐρανοῦ[에크 투 우라누])' 앞에 '하나님으로부터'

삼켜버렸다.

10 또 그들을 속이던 마귀는 불과 유황 못에 던져졌는데, 거기에 바다 짐승과 거짓 선지자도 (이미 들어와 있었다).[15] 그들은 영원히 낮과 밤에 고통을 겪을 것이다.

11 그리고 나는 크고 흰[16] 보좌와 그것 위에 앉으신 분을 보았는데, 땅과 하늘이 그분의 얼굴로부터 달아났고,[17] 그들을 위하여 어떤 장소도 찾아볼 수 없었다.[18]

12 또 나는 죽은 자들이 큰 자들과 작은 자들[19] 할 것 없이 그 보좌 앞에 서 있는 것을 보았다. (많은) 책들이 펼쳐져 있었고, 다른 책이 펴져 있었으니 곧 생명(책)이다. 죽은 자들이 책들에[20] 기록된 대로 자신의 행

를 추가한다. A와 2053만 '하늘에서'로 간단히 표기하므로, GNT 5의 본문비평 등급 {A}는 지나치다.

15. 천주교 성경은 '이미 들어가 있는 그곳입니다'라고 원문에 없는 표현을 의역하여 설명한다.

16. 바른성경은 '희고 큰'이라고 오역한다.

17. οὗ ἀπὸ τοῦ προσώπου ἔφυγεν(후 아포 투 프로소푸 에퓌겐)을 직역하면, '그분의 그 얼굴로부터 도망쳤다'가 된다(Rogers Jr. and Rogers III, 1998: 648).

18. τόπος οὐχ εὑρέθη αὐτοῖς(토포스 우크 휴레쎄 아우토이스)는 '어떤 장소도 찾을 수 없었다(no place was found for them)'(ESV), 즉 '그들을 위한 장소는 찾아볼 수 없었다'라는 뜻이다(Zerwick, 1993: 774). 참고로, 개역개정의 '간 데 없더라'는 그들이 사라져버렸다는 의미로 의역한 것처럼 보인다.

19. '큰 자들과 작은 자들(τοὺς μεγάλους καὶ τοὺς μικρούς[투스 메갈루스 카이 투스 미크루스])'은 단수 명사가 아니라(개역개정, 바른성경) 복수 명사로 표기된다.

20. '그 책들 안에(ἐν τοῖς βιβλίοις[엔 토이스 비블리오이스])'를 천주교 성경은 '책

위들에 따라 심판을 받았다.

13 바다는 자기 안에 있는[21] 죽은 자들을 내놓고, 사망과 하데스도 자신들 안에 있는 죽은 자들을 내놓았으니, 각자 자신의 행위를 따라 심판을 받았다.

14 그리고 죽음과 하데스가 불못에 던져졌다. 이것은 둘째 사망, 곧 불못이다.[22]

15 생명책에 (자기 이름이) 기록되지 못한 자는 누구든지 불못에 던져졌다.

에'라고 단수형으로 오역한다. 12절에서 단수형은 생명책이므로, '책에는' 생명책에 행실이 기록된 것처럼 오해를 불러일으킨다.

21. 전치사구 *ἐν αὐτῇ*(엔 아우테)를 직역하면 '그녀 안에', 곧 '바다 안에'라는 뜻이다. 이것을 의역하면, '자기 안에'가 된다. 바다에서 죽은 자의 몸은 최후 심판 때까지 바다 안에 머문다(Bratcher and Hatton, 1993: 294).

22. KJV는 '불못이다(*ἡ λίμνη τοῦ πυρός*[헤 림네 투 퓌로스])'를 번역에서 제외하는 오류를 범했다. NIV는 '불못은 둘째 사망이다(The lake of fire is the second death)'라고 번역하며, '불못'을 주어로 간주한다. 하지만 '불못'을 보어로 번역하는 ESV가 더 정확하다. 즉, '이것은 둘째 사망, 곧 불못이다(This is the second death, the lake of fire)'로 번역한다.

요한계시록 21장

1 그 다음[1] 나는 새 하늘과 새 땅을 보았다. 왜냐하면 첫째 하늘과 첫째 땅은 없어졌고, 바다는 더 이상 없었기 때문이다.[2]

2 또 나는 거룩한 성, 새 예루살렘이 자기 신랑을 위하여 단장된[3] 신부처럼 준비되어[4] 하늘에서 하나님으로부터 내려오는 것을 보았다.

3 그때 나는 보좌에서 나오는 큰 음성을 들었다. "보라, 하나님의 장막이 사람들과 함께 있고, 하나님께서 그들과 함께 장막을 치실 것이며,[5] 그들은 하나님의 백성들이 될 것이다. 그리고 하나님께서 친히 그들과 함께 계실 것이다.[6]

---

1. 접속사 Καὶ(카이)를 '그 다음'이라 번역하면, 요한계시록 20장에서 21장으로 내러티브가 전개되는 것을 잘 살릴 수 있다.

2. 1절의 둘째 문장은 이유 접속사 γὰρ(가르)가 이끄는데, 이는 첫째 문장의 이유를 설명해준다.

3. 능동태 '단장한'(개역개정)이 아니라, '단장되어 온'을 가리키는 완료 수동태 분사 여성 단수 대격(κεκοσμημένην[케코스메메넨])이다.

4. 능동태 '준비한'(개역개정)이 아니라, '준비되어 온'을 가리키는 완료 수동태 분사 여성 단수 대격(ἡτοιμασμένην[헤토이마스메넨])이다.

5. σκηνώσει(스케노세이)는 '계실 것이다(will be)'라기보다 '장막을 치실 것이다(will tabernacle)'가 더 적절하다.

6. 046, ℵ, 그리고 일부 다수사본은 NTG 28이 괄호로 처리한 αὐτῶν θεός(아우톤 쎄오스, '그들의 하나님이 [되실 것이다]')를 포함하지 않는다(대조. KJV). 그리고 요한계시록에서 속격 대명사 αὐτῶν은 '하나님(θεός[쎄오스]) 앞에 위치하지 않

4 하나님께서 그들의 눈에서 모든 눈물을 닦아 주실 것이므로, 다시는 죽음이 없고, 슬픔이나 통곡이나[7] 아픔이 더 이상 없을 것이다. 왜냐하면[8] 처음 것들이 지나가버렸기 때문이다."

5 그때 보좌에 앉으신 분께서 말씀하셨다. "보라. 내가 만유를 새롭게 만들고 있다."[9] 이어서 그분께서 말씀하셨다. "너는 기록하라. 왜냐하면 이 말들은 신실하고 참되기 때문이다."

6 이어서 그분께서 내게 말씀하셨다. "다 이루었다.[10] 나는 알파와 오메가(이며), 시작과 끝(이다).[11] 나는 생명수 샘물을 목마른 이에게 무료로 줄 것이다.

7 이기는 이는 이것들을 상속할 것이고, 나는 그에게[12] 하나님이 되고 그는 나에게 아들이 될 것이다.

으므로, 요한의 스타일이 아니다(Matthewson, 2016: 285).

7. 여성 단수 주격 명사 κραυγὴ(크라우게)는 목 놓아 우는 통곡(a crying aloud)을 가리킨다(Zerwick, 1993: 775).

8. NTG 28이 괄호로 처리한 접속사 ὅτι(호티)는 하나님께서 주시는 위로의 이유를 분명하게 밝힌다(Matthewson, 2016: 286).

9. 현재 능동태 직설법 1인칭 단수 ποιῶ(포이오, 'I am making')는 현재 진행형의 의미이다.

10. '다 이루었다(γέγοναν[게고난])'에서 '다(all)'는 3인칭 복수형 동사를 감안한 것이다(참고. 5절의 '이 말들'; Bratcher and Hatton, 1993: 299).

11. 현재 능동태 직설법 1인칭 단수 '이다(εἰμι[에이미])'는 051, 046, 025, ℵ 등에서 생략된다.

12. αὐτῷ(아우토)는 '나는 될 것이다(ἔσομαι[에소마이])'의 간접목적어로서 '그에게'이다.

8 그러나 두려워하는 자들과 믿지 않는 자들과 역겨운 자들과[13] 살인자들과 음행하는 자들과 점술가들과 우상 숭배자들과 모든 거짓말쟁이들의 몫은[14] 불과 유황이 타오르는 못이다. 그것은[15] 둘째 사망이다."

9 또 마지막 일곱 재앙이 가득 찬 일곱 접시를[16] 가지고 있는 일곱 천사 중 한 명이 와서 내게 말하였다. "이리 오라. 내가 신부, 곧 어린양의 아내를 네게 보여주겠다."

10 이어서[17] 그 천사는 성령으로써 나를 크고 높은 산 위로[18] 데리고 가

---

13. '역겨운 자들'은 현재 완료 디포넌트 분사 남성 복수 여격 ἐβδελυγμένοις(에브델뤼그메노이스)을 번역한 것이다. 이 단어는 가증한 것에 근거한 역겨움을 뜻한다(Matthewson, 2016: 288).

14. 중성 단수 주격 명사 τὸ μέρος(토 메로스, 'part, share')는 '몫'을 의미한다.

15. '그것은'은 관계 대명사 중성 단수 주격 ὅ(호, 'which')를 번역한 것이다.

16. τὰς ἑπτὰ φιάλας τῶν γεμόντων τῶν ἑπτὰ πληγῶν(타스 에프타 피알라스 톤 게몬톤 톤 헤프타 플레곤)은 일곱 재앙을 가득 담고 있는 일곱 접시를 가리킨다. 그런데 개역개정은 '일곱 재앙을 담은 일곱 천사'라고 번역함으로써 마치 일곱 접시가 아니라 일곱 천사가 재앙을 담고 있는 것처럼 번역한다. 일부 다수 사본은 τὰς ἑπτὰ φιάλας γεμούσας τῶν ἑπτὰ πληγῶν(타스 헤프타 피알라스 게무사스[현재 능동태 분사 여성 복수 대격, 'to fill'] 톤 헤프타 플레곤)이라고 표기하여, 바로 앞의 여성 복수 '대격' 명사 τὰς ἑπτὰ φιάλας(타스 헤프타 피알라스, '일곱 접시')와 격을 맞춘다. 그러나 속격 분사 τῶν γεμόντων(톤 게몬톤)은 뒤따르는 여성 복수 '속격' 명사 τῶν ἑπτὰ πληγῶν(톤 헤프타 플레곤, '일곱 재앙')의 격으로부터 영향을 받았다(Matthewson, 2016: 290).

17. καὶ(카이)는 '이어서'라고 번역하면 자연스럽다(참고. 천주교 성경).

18. 전치사구 ἐπὶ ὄρος(에피 오로스)는 '산에'(개역개정)가 아니라 '산 위'이다.

서, 하늘에서 하나님으로부터[19] 내려오는 거룩한 성 예루살렘을 내게 보여주었다.

11 그 성은 하나님의 영광을 가지고 있고, 그 성의 빛은 지극히 귀한 보석 같고 수정처럼 빛난[20] 벽옥 같았다.

12 그 성에 크고 높은 성벽이[21] 있고, 열두 성문이 있으며, 그 성문들에 열두 천사가 있고, 그 성문들 위에 이스라엘 자손들의[22] 열두 지파의 이름들이[23] 적혀 있었다.

13 동쪽에 세 성문, 북쪽에 세 성문, 남쪽에 세 성문, 서쪽에 세 성문이 있었다.

14 그 성의 성벽에는 열두 기초석이 있고, 그것들 위에 어린양의 열두 사도의 열두 이름이 있었다.

---

19. 전치사구 $\grave{\epsilon}\varkappa\ \tau o\hat{\upsilon}\ o\grave{\upsilon}\rho\alpha\nu o\hat{\upsilon}\ \grave{\alpha}\pi\grave{o}\ \tau o\hat{\upsilon}\ \theta\epsilon o\hat{\upsilon}$(에크 투 우라누 아포 투 쎄우)는 '하늘에서 하나님으로부터'이다(참고. 바른성경). 참고로, 개역개정은 '하나님께로부터 하늘에서'라고 번역한다.

20. 현재 능동태 분사 남성 단수 여격 $\varkappa\rho\upsilon\sigma\tau\alpha\lambda\lambda\acute{\iota}\zeta o\nu\tau\iota$(크뤼스탈리존티)는 '수정 같이 맑다' 혹은 '수정 같이 빛나다'라는 뜻으로 바로 앞의 '벽옥'을 수식한다. 새 예루살렘 성의 '빛($\acute{o}\ \phi\omega\sigma\tau\grave{\eta}\rho$[호 포스테르])'을 설명하므로, '맑다'보다는 '빛나다'가 적절하다. 새 예루살렘 성의 빛은 '벽옥 같았다($\acute{\omega}\varsigma\ \lambda\acute{\iota}\theta\omega\ \acute{\iota}\alpha\sigma\pi\iota\delta\iota$[호스 리쏘 이아스피디])'이지 '수정 같았다'(개역개정)가 아니다.

21. 중성 단수 대격 명사 $\tau\epsilon\hat{\iota}\chi o\varsigma$(테이코스)는 '성벽(wall)'을 가리킨다.

22. 남성 복수 속격 명사 $\upsilon\acute{\iota}\hat{\omega}\nu$(휘온)은 '아들들의', 즉 '자손들의'이다.

23. NTG 28이 괄호로 처리한 $\tau\grave{\alpha}\ \grave{o}\nu\acute{o}\mu\alpha\tau\alpha$(타 오노마타)를 $\aleph$, P, 051 등처럼 생략하면 된다. 바로 앞에 중성 복수 대격 명사 '이름들($\grave{o}\nu\acute{o}\mu\alpha\tau\alpha$)'이 이미 등장한다.

15 나에게 말하던 천사는 그 성과 그것의²⁴ 성문들과 그것의 성벽을 측
량하기 위하여 금으로 된 측량자를²⁵ 가지고 있었다.

16 그 성은 네모반듯하여 그것의 길이와²⁶ 너비가 똑같았다. 그 천사가²⁷
그 성을 그 측량자로 측량하니 만 이천 스타디오스였고,²⁸ 그것의²⁹
길이와 너비와 높이는 똑같았다.

17 그리고 그 천사가 그것의 성벽을 측량하니 백 사십 사 페키스였는
데,³⁰ 사람의 측량은 천사(도 사용하는) 측량이다.³¹

---

24. '그것의'는 αὐτῆς(아우테스)를 번역한 것이다.

25. '금 갈대 자'(개역개정, 바른성경)는 '금'과 '갈대'와 '자'라는 명사 세 개를 나란히
붙여서 번역해서 의미가 모호하다. '금으로 된(χρυσοῦν[크뤼순]) 측량자(μέτρον
κάλαμον[메트론 칼라몬])(a measuring rod of gold)'가 적절한 번역이다. 남
성 단수 대격 명사 κάλαμον(칼라몬)은 '갈대'는 물론 '막대기' 그리고 '측량자
(measuring stick)'라는 뜻도 지닌다(Bratcher and Hatton, 1993: 305).

26. NTG 28이 괄호로 처리한 접속사 καὶ(카이)는 새 예루살렘 성의 길이 '그리고'
너비를 설명하는 데 필요하다.

27. 개역개정은 ἐμέτρησεν(에메트레센, '측량했다')의 주어를 번역하지 않는데, 주
어는 '그가', 즉 '그 천사'이다(참고. 계21:15).

28 남성 복수 속격 명사 σταδίων(스타디온)의 단수형은 στάδιος(스타디오스)이다.

29. '그것의'는 αὐτῆς(아우테스)를 번역한 것이다.

30. 개역개정에서 '규빗(cubit)'으로 번역한 πηχῶν(페콘)은 남성 명사 πῆχυς(페퀴
스)의 복수 속격형이다. 바로 앞 16절에서 남성 복수 속격 명사 '스타디온'을 '스
타디오스'라 번역했다면, '페콘' 역시 일관성 있게 '페키스'라고 번역하는 것이
옳다. 천주교 성경은 16절에서 복수형 '스타디온'으로 표기하지만, 17절에서는
복수형 '페콘' 대신 단수형 '페키스'라고 일관성 없게 표기한다.

31. μέτρον ἀνθρώπου, ὅ ἐστιν ἀγγέλου(메트론 안쓰로푸, 호 에스틴 앙겔루)를

18 그것의 성벽의 재료는[32] 벽옥(이었고), 그 성은 맑은 유리 같은 순금이었다.[33]

19 그 성의 성벽의 기초석들은 각종 보석으로 꾸며져 있었다. 첫째 기초석은 벽옥, 둘째는 사파이어, 셋째는 옥수, 넷째는 녹보석,

20 다섯째는 홍마노, 여섯째는 홍보석, 일곱째는 황옥, 여덟째는 녹옥, 아홉째는 담황옥, 열째는 비취옥, 열한째는 청옥, 열둘째는 자수정이었다.

21 그 열두 성문은 열두 진주로 (되어 있었는데),[34] 열두 성문은[35] 각각 진주 하나로 되어 있었고, 그 성의 넓은 길은[36] 맑은 유리 같은 순금이었다.

22 나는 그 성 안에서 성전을 보지 못했다. 왜냐하면 주 하나님, 곧 전능하신 분과 어린양께서 그 성의 성전이시기 때문이다.

직역하면, 'the measure of a man, that is, of the angel'(KJV)인데, 이를 의역하면, 'human measurement, which is also an angel's measurement'(ESV) 혹은 'by human measurement, which the angel was using'(NRSV)이다.

32. 여성 단수 주격 명사 ἐνδώμησις(엔도메시스)는 '재료(material)'를 뜻한다 (Matthewson, 2016: 294).

33. '정금'보다 '순금'으로 번역하는 것이 더 쉽게 다가온다.

34. 원문에는 동사가 없는데, 의미를 분명히 하기 위해 '되어 있었는데'를 추가할 수 있다(참고. 바른성경).

35. 개역개정이 번역에서 생략한 '열두 성문은'은 τῶν πυλώνων(톤 퓔로논, 'the gates')을 의역한 것이다.

36. 여성 단수 주격 형용사 πλατεῖα(플라테이아)는 '넓다'라는 뜻인데, '대로(broad street)'를 가리킨다(Rogers Jr. and Rogers III, 1998: 650).

23 그 성은 해나 달이 비출 필요가 없는데, 하나님의 영광이 그 성을 비추고, 어린양께서 그 성의 등불이시기 때문이다.[37]

24 만국이 그 성의 빛을 받아[38] 걸어 다니고, 땅의 왕들은 그 성 안으로 자신들의 영광을 가지고 올 것이다.

25 그 성의 성문들은 하루 종일[39] 결코 닫히지 않는데, 거기에 밤이 없기 때문이다.

26 그리고 (만국의) 사람들은[40] 만국의 영광과 존귀를 그 성 안으로 가지고 올 것이다.

---

37. 어린양(주어)께서 그 성의 등불(보어)인가?(KJV, TEV) 아니면 그 성의 등불(주어)이 어린양(보어)이신가?(아프리칸스 성경, ESV, RSV). '하나님의 영광'이 주어이므로, 어린양을 주어로 볼 수 있다(참고. The Lamb is the lamp). 등불은 정관사 τὸ(토)를, 어린양은 정관사 ὁ(호)를 가지고 있으므로, 이 두 가지 번역이 모두 가능하다. 일반적으로 보어는 정관사를 가지지 않는다(Matthewson, 2016: 297~298).

38. διὰ τοῦ φωτός(디아 투 포토스)는 직역하면, '그 빛을 통하여'인데, 이를 의역하면 '그 빛을 받아'가 된다.

39. '하루 종일'은 ἡμέρας(헤메라스)를 번역한 것인데, 천주교 성경과 공동번역은 '종일토록'이라 번역한다(참고. TEV의 'all day'). 그런데 개역개정과 바른성경은 각각 '낮에'와 '낮에는'이라고 번역한다. 개역개정처럼 '낮에' 성문이 결단코 닫히지 않는다고 말하는 것은 어불성설이다. 왜냐하면 성문은 밤에 닫고, 낮에 열어두기 때문이다.

40. 24절에 비추어 보면, 26절의 '만국의 사람들'은 미래 능동태 직설법 3인칭 복수 οἴσουσιν(오이수신, 'will bring')의 주어이다(Matthewson, 2016: 299).

27 그러나[41] 모든 부정한 것과[42] 역겨운 것과[43] 거짓을 행하는 자는 결코 그 성 안으로 들어가지 못할 것이다. 다만 어린양의 생명책에 (이름이)[44] 기록된 이들만 (들어갈 것이다).

---

41. 문맥상 27절 문두에 있는 καὶ(카이)는 반어 접속사 '그러나'로 번역해야 한다. 개역개정과 바른성경은 이 접속사를 번역하지 않는다.

42. πᾶν κοινὸν καὶ(판 코이논 카이)는 '모든 부정한 것 그리고'인데, 개역개정은 '무엇이든지 속된 것이나(무엇이든지 속된 것 혹은)'이라고 오역한다.

43. βδέλυγμα καὶ(브델뤼그마 카이)는 '역겨운 것 그리고'인데, 개역개정은 '가증한 일 또는'이라 오역한다.

44. 헬라어 원문에 없는 '이름이'는 생명책에 이름이 기록되기에 의미를 분명하게 만들기 위해서 필요하다(참고. 공동번역, TEV).

요한계시록 22장

1 그리고 그 천사는[1] 하나님과 어린양의 보좌로부터 흘러나온[2] 수정 같이[3] 맑은 생명수의 강을 내게 보여 주었다.

2 (그 강은) 그 성의 넓은 길 가운데 흘렀다. 강 양편에[4] 열두 가지 열매를 맺는 생명나무가 있어 달마다 나무의[5] 열매를 맺었다. 그리고 (생명)나무의 나뭇잎들은 만국을 치료하기 위해 있었다.

3 (거기에) 다시는 어떤[6] 저주도 없을 것이다. 하나님과 어린양의 보좌가 그 성 안에 있을 것이며, 그분의 종들은 그분을[7] 섬길 것이다.

---

1. 개역개정은 '보여 주었다(ἔδειξέν[에데익센])'의 주어를 번역하지 않기에, 독자가 주어를 파악하기가 어렵다.
2. 현재 디포넌트 분사 남성 단수 대격 ἐκπορευόμενον(에크포류오메논, '흘러나온')은 앞에 위치한 남성 단수 대격 명사 ποταμὸν(포타몬, '강')을 수식할 수 있다(Matthewson, 2016: 300).
3. 바른성경은 '수정 같이(ὡς κρύσταλλον[호스 크뤼스탈론])'를 번역하지 않는다.
4. '양편에'는 두 부사 $\text{ἐντεῦθεν καὶ ἐκεῖθεν}$(엔튜쎈 카이 에케이쎈, 'on either side')을 번역한 것이다.
5. '나무의'는 3인칭 중성 단수 속격 대명사 αὐτοῦ(아우투)를 번역한 것이다.
6. 개역개정이 번역하지 않은 형용사 중성 단수 주격 πᾶν(판)은 '어떤'으로 번역할 수 있다(참고. 바른성경).
7. '그분을'은 αὐτῷ(아우토)를 번역한 것인데, 바른성경은 '하나님을'이라고 의역한다. 하지만 요한은 '그분'께서 성부 하나님이신지 어린양이신지 의도적으로 모호하게 표현하기에, '그분을'이라고 번역하는 것이 더 적절하다(Matthewson,

4 또 그들은 그분의 얼굴을 볼 것이며, 그분의 이름이 그들의 이마에 (적혀 있을 것이다).

5 (거기에) 다시는 밤이 없을 것이고, 등불과 햇빛이 필요 없을 것인데, 주 하나님께서 그들 위에[8] 비추실 것이기 때문이다. 그들은 영원히 다스릴 것이다.

6 그리고 그 천사가 내게 말하였다. "이 말씀들은[9] 신실하고 참되다. 주님, 곧 선지자들의 영들을 (다스리시는)[10] 하나님께서 자기 종들에게 반드시 짧은 시간 안에 일어날 일들을[11] 보이시려고 자기 천사를 보내셨다."

7 보라, 내가 속히 갈 것이다.[12] 복되도다! 이 두루마리의 예언의 말씀들을 지키는 이여!

2016: 302).

8. 전치사구 ἐπ' αὐτούς(에프 아우투스)는 직역하면, '그들 위에(on them)'가 된다.

9. '이 말씀들은'은 복수 명사 οὗτοι οἱ λόγοι(후토이 호이 로고이)를 번역한 것이다.

10. '영들을 다스리시는'은 τῶν πνευμάτων(톤 프뉴마톤)을 의역한 것이다. '선지자들의 영들의(τῶν πνευμάτων[톤 프튜마톤]) 하나님께서'라고 직역하면 의미가 모호하다. 물론 여기서 복수형 '영들'은 성령님을 가리키지 않는다.

11. '일들을'은 관계대명사 중성 '복수' 대격 ἅ(하)를 번역한 것이다. 따라서 개역개정처럼 단수형 '일'로 번역할 수 없다,

12. 미래적 현재 동사 ἔρχομαι(에르코마이)는 화자이신 승천하신 예수님의 편에서 볼 때, '올 것이다'(개역개정, 바른성경)가 아니라 '갈 것이다'가 된다(천주교 성경, 공동번역).

8 이것들을 듣고 본[13] 사람은 나 요한이다. 내가 듣고 보았을 때,[14] 이것들을 내게 보여 준 그 천사의 두 발 앞에 경배하려고 엎드렸다.

9 그러자 그 천사가 내게 말하였다. "보라, 안 된다. 나는 너와 너의 형제 선지자들 그리고 이 두루마리의 말씀들을 지키는 이들의 동료 종이다. 너는 하나님께 경배하라."

10 또 그 천사가 내게 말하였다. "너는 이 두루마리의 예언의 말씀들을 인봉하지 말라. 왜냐하면 때가 가깝기 때문이다.

11 불의를 행하는 자는 계속 불의를 저지르도록 내버려두라.[15] 더러운 자는 계속 더러운 채로 있도록 내버려 두라. 의로운 이는 계속 의를 행하도록 하라. 거룩한 이는 계속 거룩한 채로 있도록 하라."

12 보라, 내가 속히 갈 것인데, 내가 가지고 있는 상을[16] 각 사람의[17] 행위

---

13. '듣고 본($\dot{\alpha}\kappa o\acute{\nu}\omega\nu$ $\kappa\alpha\grave{\iota}$ $\beta\lambda\acute{\epsilon}\pi\omega\nu$[아쿠온 카이 블레폰])을 개역개정은 '보고 들은'이라고 어순을 바꾸어 오역한다.

14. '듣고 보았을 때'는 $\breve{o}\tau\epsilon$ $\breve{\eta}\kappa o\nu\sigma\alpha$ $\kappa\alpha\grave{\iota}$ $\breve{\epsilon}\beta\lambda\epsilon\psi\alpha$(호테 에쿠사 카이 에블렙사)를 번역한 것이다. 개역개정은 아오리스트 동사들을 현재시제인 '듣고 볼 때에'라고 번역한다.

15. 3인칭 명령형은 '~하도록 하라(Let the evildoer still do evil, and let…)'로 번역하면 된다(NIV, ESV, RSV; Bratcher and Hatton, 1993: 319).

16. 전치사구 $\mu\epsilon\tau$' $\dot{\epsilon}\mu o\tilde{\nu}$(메트 에무)는 마치 서술 동사의 역할을 해 '나와 함께 있다'가 된다. 의역하면, '내가 가지고 있다'이다(Matthewson, 2016: 308).

17. 3인칭 '남성' 단수 속격 대명사 $\alpha\dot{\nu}\tau o\tilde{\nu}$(아우투)는 '그의'이다. 하지만 재림의 예수님께서는 신자(산 자)와 불신자(죽은 자) 그리고 남자와 여자 모두 심판하시므로 '각 사람의'가 적절한 번역이다.

를 따라 각 사람에게 갚아주기 위함이다.[18]

13 나는 알파와 오메가(이며), 처음과 마지막(이며), 시작과 끝(이다).

14 복되도다! 자신의 긴 겉옷들을 빠는 이들이여![19] 그들은 생명나무의 (열매들을 먹을)[20] 권세를 얻고, 그 성문들을 통과하여 그 성 안으로 들어가기 위함이다.

15 개들과 점술가들과 음행자들과 살인자들과 우상 숭배자들과 거짓말을 좋아하고 행하는 자마다[21] (그 성)밖에 (있을 것이다).

---

18. 아오리스트 능동태 부정사 *ἀποδοῦναι*(아포두나이)는 '갚아주기 위하여'라는 목적의 의미를 가진다(Rogers Jr. and Rogers III, 1998: 651).

19. 바른성경은 헬라어 어순과 정반대로 '복되도다'를 제일 마지막에 번역한다. 다수사본은 '복되도다! 그분의(주님의) 계명들을 행하는 이들이여!(*Μακάριοι οἱ ποιοῦντες τὰς ἐντολὰς αὐτου*[마카리오이 호이 포이운테스 타스 엔톨라스 아우투])'라고 표기하지만, 사본상 지지를 얻지는 못한다. 그리고 말씀을 준행하는 이들이 복되다는 언급은 앞서 22장 7절에 이미 등장했다. 14절에서 GNT 5의 본문비평 등급은 언급이 되지 않기에, 총 세 개의 이문을 모두 대등하게 원본처럼 간주한다. 하지만 비평등급은 {A}가 적절하다.

20. 헬라어 원문에 없는 '열매들을 먹을'은 22장 2절을 참고하여 첨가한 의역이다 (Bratcher and Hatton, 1993: 321).

21. 바른성경과 천주교 성경은 '좋아하고 행하다(*φιλῶν καὶ ποιῶν*[필론 카이 포이온])'는 두 남성 단수 주격 분사를 수식하는 남성 단수 주격 형용사 '모두(*πᾶς*[파스], '~하는 자 마다')'를 번역하지 않고, 복수형 '자들'이라고 번역한다.

16 나 예수는 나의 천사를²² 보내어 (일곱) 교회들의 (유익을) 위하여²³ 이 것들을 너희에게 증언하게 하였다. 나는 다윗의 뿌리와 자손이며, 빛 나는 새벽 별이다.

17 그때 성령과 (어린양의) 신부가 말한다. "오시옵소서."²⁴ 그리고 (이 예 언의 말씀들을)²⁵ 듣는 사람은 "오시옵소서."라고 말하도록 하라.²⁶ 그 리고 목마른 사람은 오게 하라. 원하는 사람은 생명수를 무료로 받

---

22. τὸν ἄγγελόν μου(톤 앙겔론 무)는 '나의 천사를'(바른성경, 천주교 성경, ESV, NIV, KJV, RSV)인가, 아니면 '나의 사자를'(개역개정)인가? 16절과 비슷한 내용 을 언급한 1장 1절을 참고하면, '나의 천사를'이 보다 자연스럽다.

23. 전치사구 ἐπὶ ταῖς ἐκκλησίαις(에피 타이스 에클레시아이스)는 '그 교회들을 위하여', 즉 예수님과 관계를 맺고 있는 '그 교회들의 유익을 위하여'라는 의미 이다. 그리고 '교회들(ἐκκλησίαις[에클레시아이스])'이 여성 복수 여격 정관사 ταῖς(타이스)를 가지므로 세상의 모든 교회들이 아니라, 소아시아의 특정한 일 곱 교회를 가리킨다. 이런 이유로 '일곱'을 추가하여 의역하는 것이 의미를 보다 분명하게 만든다(Matthewson, 2016: 310).

24. 현재 디포넌트 명령형 2인칭 단수 ἔρχου(에르쿠)를 개역개정은 '오라', 바른성 경은 '오너라'로 비존칭 방식으로 번역한다. 그러나 문맥상 성령충만한 신부와 계시록의 말씀을 듣는 이들은 승천하신 예수님을 향하여 '오십시오'라고 정중 히 간청하면서 외친다. 22장 7절과 12절에서 예수님께서는 "보라. 내가 속히 갈 것이다."라고 이미 두 번이나 말씀하셨다(Matthewson, 2016: 313).

25. 헬라어 원문에 없는 '이 예언의 말씀들을'은 1장 3절과 22장 18절을 참고하여 추가한 것이다. 1장과 22장은 인클루시오 구조를 가지므로, 의미를 분명히 하도 록 이렇게 표현을 추가하는 것은 가능하다.

26. 17절의 3인칭 명령형 동사들(εἰπάτω[에이파토], ἐρχέσθω[에르케스쏘], λαβέτω [라베토])은 '~하게 하라(Let …)'라고 번역하면 된다(RSV, NIV, ESV, KJV; Matthewson, 2016: 311).

게 하라.

18 나는 이 두루마리의 예언의 말씀들을[27] 듣는 모든 이에게 증언한다. 만일 누구든지 그것들 위에[28] (무언가) 더하면 하나님께서 이 두루마리 안에 기록되어 있는 재앙들을 그에게 더하실 것이다.

19 또 만일 누구든지 이 예언의 두루마리의[29] 말씀들로부터 (무언가) 빼버리면, 하나님께서 이 두루마리 안에 기록되어 있는 생명나무와 거룩한 성에서[30] (얻을) 그의 몫을[31] 빼앗아 버리실 것이다.

20 이것들을 증언하신 분이 말씀하신다. "진실로,[32] 나는 속히 갈 것이

---

27. 개역개정은 '말씀들을(τοὺς λόγους[투스 로구스])'을 '말씀을'이라고 단수형으로 오역하지만, 뒤따르는 '재앙들을(τὰς πληγὰς[타스 플레가스])'은 복수형으로 정확히 번역한다.

28. 전치사구 ἐπ' αὐτά(에프 아우타)는 '그것들 위에'이지, 지시대명사 '이것들 위에'(개역개정)가 아니다. 3인칭 중성 복수 대격 대명사 '그것들(αὐτά[아우타])'은 바로 앞의 '이 두루마리의 예언의 말씀들'을 가리킨다(Matthewson, 2016: 312).

29. 개역개정은 '이 예언의 두루마리의 말씀들로부터(ἀπὸ τῶν λόγων τοῦ βιβλίου τῆς προφητείας ταύτης[아포 톤 로곤 투 비블리우 테스 프로페테이아스 타우테스])'의 순서를 바꾸어 '이 두루마리의 예언의 말씀에서'라고 번역한다.

30. ἐκ τῆς πόλεως τῆς ἁγίας(에크 테스 폴레오스 테스 하기아스)를 직역하면, '거룩한 성으로부터(from the holy city)'이다. 의미상으로 생명나무가 위치한 '거룩한 성 안에서(in the holy city)'도 가능하다(NIV, ESV, RSV).

31. '그의 몫을'은 τὸ μέρος αὐτοῦ(토 메로스 아우투)를 번역한 것이다.

32. 불변화사 ναί(나이)는 어떤 질문이나 진술에 대해 확증하는 반응인데, '예', '진실로'(개역개정), '참으로'(바른성경), 그리고 '그렇다'(천주교 성경, 공동번역)라고 다양하게 번역이 가능하다(Matthewson, 2016: 313).

다." 아멘, 오시옵소서, 주 예수님![33]

21 주 예수님의[34] 은혜가 모든 이들에게[35] (있을지어다). 아멘.[36]

---

33. '주 예수님!($\varkappa\acute{\upsilon}\rho\iota\epsilon$ Ἰησοῦ[퀴리에 이에수])'은 20절에서 맨 뒤에 위치한다(참고. NIV, Bybel).

34. 다수사본은 '주 예수 그리스도의($\tauο\tilde{\upsilon}$ $\varkappa\upsilon\rhoίου$ Ἰησοῦ $\chi\rho\iota\sigma\tauο\tilde{\upsilon}$[투 퀴리우 이에수 크리스투])'라고 고등기독론을 강조하여 표기하지만, 사본상 증거는 약하다.

35. ℵ는 '성도와 함께($\mu\epsilon\tau\grave{\alpha}$ $\tau\tilde{\omega}\nu$ $\acute{\alpha}\gammaίων$[메타 톤 하기온])'로, 다수사본은 '모든 성도와 함께($\mu\epsilon\tau\grave{\alpha}$ $\pi\acute{\alpha}\nu\tau\omega\nu$ $\tau\tilde{\omega}\nu$ $\acute{\alpha}\gammaίων$[메타 판톤 톤 하기온])'라고 표기한다. 이 경우 사본상의 무게는 대등하게 여러 이문으로 분산된다.

36. NTG 28은 '아멘($A\mu\acute{\eta}\nu$)'을 생략한다(참고. 천주교 성경, 공동번역). A를 제외하면, 대부분의 대문자와 소문자 사본은 '아멘'을 포함한다(NIV, ESV, KJV). 계시록이 예배 중에 낭독용으로 사용되었으므로, 특별히 하나님의 말씀을 듣는 회중 편에서 '아멘'은 적합하다.

참고문헌

김주한. "The Pastoral Letter in Early Christianity up to the Early Fifth Century C.E." Ph.D. Thesis. Stellenbosch University, 2012.

대한성서공회. 『개역개정』. 4판. 서울: 대한성서공회, 2005.

배재욱. 「요한계시록 1:14상반절과 21:3 번역을 위한 새로운 제안들」. 『성경원문연구』 33 (2013): 139~146.

송영목. 「계시록 1:7절의 간본문적, 내적 간본문적, 그리스도 완결적 읽기」. 『교회와 문화』 25 (2010): 131~154.

_____. 「요한계시록 10:11a의 주어」. 『신약논단』 19/3 (2012): 981~1013.

_____. 「요한계시록의 칼 주제」. 『신약연구』 10/4 (2011): 1033~1063.

임진수. 「요한계시록의 '인자와 같은 이'(ὅμοιος υἱὸς ἀνθρώπου): 1장 13절, 14장 14절의 주석학적 접근」. 『신학과 세계』 77 (2013): 65~93.

주교회의 성서위원회. 『성경』. 서울: 가톨릭출판사, 2018.

한국성경공회. 『바른성경: 하나님의 바른말씀』. 2판. 서울: 한국성경공회, 2009.

BDAG. Chicago: The University of Chicago Press, 1993.

Beale, G. K. 『요한계시록 상권』. The Book of Revelation. 오광만 역. 서울: 새물결플러스, 2016.

Beekes, R. Etymological Dictionary of Greek. Volume 1. Leiden: Brill, 2009.

Bratcher, R. G. and Hatton, H. A. A Handbook on The Book of Revelation. New York: UBS, 1993.

Chilton, D. The Days of Vengeance: An Exposition of the Book of Revelation. Tyler: Dominion Press, 1990.

Du Rand, J. A. A-Z van Openbaring. Vereeniging: CUM, 2007.

Gentry Jr., K. L. The Divorce of Israel: A Redemptive-Historical Commentary on the Book of Revelation. Volume 1. Dallas: Tolle Lege, 2017.

Haukaas, M. A. "Indeed, He is coming with the clouds: A Study of Revelation 1:7-8 as the Multivalent Thematic Statement of the Apocalypse." M.A. Thesis. Trinity Western University, 2013.

Liddell, H. G. and Scott, R. *Greek-English Lexicon*. Oxford: The Clarendon Press, 1974.

Matthewson, D. L. *Revelation: A Handbook on the Greek Text*. Waco: Baylor University Press, 2016.

Montanari, F. *The Brill Dictionary of Ancient Greek*. Leiden: Brill, 2015.

Porter, S. E. *Idioms of the Greek New Testament*. Sheffield: Sheffield Academic Press, 2005.

Rogers Jr., C. L. and Rogers III, C. L. *The Linguistic and Exegetical Key to the Greek New Testament*. Grand Rapids: Zondervan, 1998.

Smalley, S. S. *The Revelation to John*. Leicester: IVP, 2005.

Strimple, R. B. "Amillennialism." In *Three Views on the Millenium and Beyond*. Edited by D. L. Bock. Grand Rapids: Zondervan, 1999: 83~129.

Van der Waal, C. *Openbaring van Jezus Christus II*. Oudkarspel: Drukkerij en Uitgeverij De Nijverheid, 1981.

Van der Watt, J. G., Barkhuizen, J. and Du Toit, H. (eds). *Interliniêre Bybel: Grieks-Afrikaans*. Vereeniging: CUM, 2012.

Wallace, D. B. 『월리스 중급 헬라어 문법』. *The Basics of New Testament Syntax*. 김한원 역. 서울: IVP, 2019.

_____. *Greek Grammar beyond the Basics*. Grand Rapids: Zondervan, 1996.

Wendland, E. "Revelation: Translation Note." https://www.academia.edu/7147967/REVELATION--Exegetical_notes_based_on_the_Greek_text. 2019년 9월 10일 접속.

Zerwick, M. *A Grammatical Analysis of the Greek New Testament*. Roma: EPIB, 1993.

<총회성경연구소 소개>

총회성경연구소Kosin Bible Institute는 총회 직속 기구로서 성경원문의 번역, 본문비평, 본문연구, 배경연구 등을 통해서 목회자들과 성도들이 성경에 대하여 가진 의문사항들을 풀어주는 것을 목적으로 설립되었다. 총회성경연구소는 이러한 목적을 수행하기 위해서 저널 성경연구BiblicalStudies를 발간하며, 홈페이지를 운영하고, 다양한 세미나를 개최할 것이다. 총회성경연구소를 통하여 교단 내외의 목회자들과 신학생들과 성경연구자들이 큰 도움을 얻기를 기대한다.

<총회성경연구소 조직>

소장: 김하연

부소장: 김성수

서기: 감기탁

회계: 조인제

연구위원: 황원하연구위원장 권기현 기동연 김성수 김재수 문장환 박우택 변종길
　　　　　송영목편집위원장 송재영 신득일 이기업 주기철 최만수 최승락 최윤갑
　　　　　김성진 김창훈 강화구 김명일

교육위원: 권기현교육위원장 신민범 김홍석 박신웅 조인제

운영위원: 김하연 김성수 송영목 황원하 권기현 김세중총회신학위원장, 당연직
　　　　　감기탁 조인제

자문위원: 장희종 박영호

<총회성경연구소 후원교회 및 개인>

경신교회, 관악교회, 부산남산교회, 서울시민교회, 용호중앙교회, 안양일심교회, 은성교회, 삼승교회, 창원새순교회, 달성교회, 차태범, 조영주